喬木書房

喬木書房

**哈佛大學最熱門的一堂課：**
**情緒控制幸福課**

你有什麼樣的情緒，就會有什麼樣的生活。
好的情緒帶你上天堂，壞的情緒帶你住套房，甚至會住進十八層地獄！

# 情緒影響一生的幸福

你知道嗎？
美國知名學府哈佛大學最受歡迎的選修課竟然是「情緒控制幸福課」，
聽課人數超過了王牌課《經濟學導論》。
為什麼「情緒控制幸福課」會如此受歡迎呢？
是因為：**善於控制情緒，才能走向成功；善於控制情緒，才能擁有幸福人生！**
一個人對生活如果無法控制好情緒，會影響他的一生，甚至於能決定一個人的成敗。

杜風——著

# 目錄

## 第二章 管理情緒，自己才是情緒的主人 43

第九章 情緒排毒，排除扼殺自己的情緒 269



第十章 快樂人生，一切由好情緒造就而成 295

# 前言

曾經有兩個人在沙漠的黑夜中行走，水壺中的水早就喝完了，兩人又累又餓，體力漸漸不支，在休息的時候，其中甲問乙說：「現在你能看到什麼？」乙回答說：「我現在似乎看到了死亡，似乎看到死神正在一步一步的靠近」。而甲卻輕聲一笑的說：「我現在看到的，是滿天的星星和我的妻子兒女等待我回家的臉龐」。

最後，說看到死亡的乙，就在快要走出沙漠的時候，用刀子結束了自己的生命，而說看見星星和自己妻子兒女臉龐的甲，靠著星星的方位指示，成功的走出了沙漠。

其實甲乙兩人所處的環境完全一樣，但在最後卻演繹了截然不同的命運，僅僅是因為他們的心態有所不同。**你擁有什麼樣的心情，就會呈現什麼樣的色彩。**

我們每天都在經歷各式各樣的事情，以及這些事情給我們帶來的諸多感受。時而冷靜，時而衝動；時而精神煥發，時而萎靡不振；有時可以理智的去思考，有時又會失去控制的暴跳如雷；

有時覺得生活充滿了甜蜜和幸福，有時又感覺生活是那麼的無味而沉悶；而這所有的表現就是「情緒」，它存在於每個人的心中。

你是否也有過這樣的體驗：心情好時，看任何事情都順眼，對不喜歡的人也有了幾分好感，原來看不慣的事也覺得有了幾分道理；而心情不好的時候，面對再美味的佳餚也難以下嚥，再美麗的風景也視若無睹。情緒的影響力可見一般，而成功和幸福總是屬於那些善於控制自己情緒的人。

善於控制自己的情緒的人，能在絕望的時候看到希望，能在黑暗的時候看到光明，所以他們心中永遠燃燒著激情和樂觀的火焰，永遠擁有樂觀向上、不斷奮鬥的動力。我們可以發現，大多數的失敗者失意時一味抱怨不思東山再起，落後時不想奮起直追，消沉時只會借酒消愁，得意時又會忘乎所以，他們之所以失敗只因為他們沒有學會控制自己的情緒。

每個人都不可避免的會遇到現實生活的種種磨難和衝擊，也都會經歷痛苦和遭遇失敗。既然我們不能改變過去，那我們就要把握未來；我們不能決定一件事情的發展方向，但我們可以左右自己的情緒。只有善於控制情緒，才能扼住命運的咽喉，扭轉事情發展的方向。

所以，只有善於控制自己的情緒，才能找到自信的源泉，走向成功的彼岸。同樣，也只有善於控制情緒，才能找到開啟幸福的鑰匙，擁有幸福快樂的人生。

現代社會，越來越多的壓力隨著競爭的加劇而相應產生，焦慮因此成了現代人的生活常有的一種情緒，為此我們必須學會如何化解焦慮，克服壓力。不妨偶爾放慢生活的節奏，騰出時間給身心鬆綁，這樣才能讓自己保持健康的情緒。

每個人心中都有把「快樂的鑰匙」，但我們卻常常不知如何掌管。一個成熟的人握住自己的快樂鑰匙，他不期待別人使他快樂，反而能將快樂與幸福帶給別人。只有管理好情緒，用一顆平常心去體味人生，這樣生活的泥潭和世俗的眼光才無法將我們擊倒。

我們不能僅因為有值得快樂的事情才快樂，我們更要為自己創造能夠讓自己快樂的事情。學會愛自己、照顧自己，擁有健康的體魄，用全部的愛來構建快樂的家庭、給自己的家人快樂，用真心和誠意與人相處、對人友善，以從容的姿態對待生活、享受生活。只有培養快樂的習慣，訓練出快樂的性格，並且懷著感恩之心，才能朝著屬於自己的快樂出發。

**善於控制情緒，才能走向成功；善於控制情緒，才能擁有幸福人生！**

情緒是心靈的顯示，是我們生活的原動力。雖然我們不能總是完全成功地控制自己的情緒，但這仍是我們為之努力的方向。本書涵蓋之廣，小到日常生活中諸多細微而又重要的細節，全面闡述人生的情緒法則，幫助您在人生的旅程中，學會調節情緒，學會管理情緒，從而演繹你一生的美麗與幸福。

# 第一章　正視情緒，情緒改變人的一生

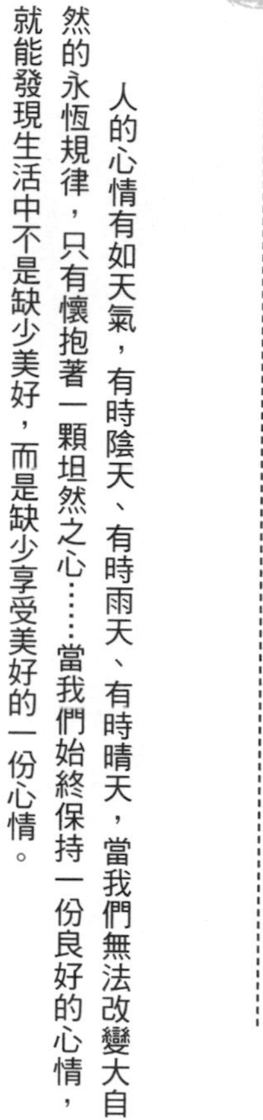

人的心情有如天氣，有時陰天、有時雨天、有時晴天，當我們無法改變大自然的永恆規律，只有懷抱著一顆坦然之心……當我們始終保持一份良好的心情，就能發現生活中不是缺少美好，而是缺少享受美好的一份心情。

# 揭開情緒的神秘面紗

當你努力工作卻不被認可時，你是繼續忍氣吞聲還是據理力爭，或者乾脆炒老闆的魷魚？當你一時衝動和愛人吵架時，你是先冷靜下來還是各不相讓以致感情破裂？當你苦口婆心開導孩子而孩子就是不聽話時，你是保持心平氣和還是暴跳如雷，甚至拳腳相加？這些不同的行為反應就是「情緒」！它就像影子一樣一直與我們相隨。

心理學認為：情緒是指伴隨著認知和意識過程產生對外界事物的態度，是對客觀事物和主體需求之間關係的反應。包含情緒體驗、情緒行為、情緒喚醒和對刺激物的認知等成分。

人是一個非常複雜的個體，七情六慾，人皆有之。喜會手舞足蹈，怒會咬牙切齒，憂會茶飯不思，悲會痛心疾首。情緒總能夠以很快的速度形成，快到我們甚至無法察覺，這種速度能夠在危急時刻救我們一命，也能夠在一瞬間破壞我們的生活。

有這樣一則故事：每天早晨，生活在德國的一位猶太傳教士，總是按時到一條鄉間小路上散步。無論見到任何人，總是熱情地打一聲招呼：「早安。」而其中有一個名叫米勒的年輕農民，對傳教士的問候，反應十分冷漠。但年輕人的冷漠，卻未曾改變傳教士的熱情，每天早上，他仍然給這個一臉冷漠的年輕人道一聲早安。終於有一天，這個年輕人脫下帽子，也向傳教士道了一聲：「早安。」

過了幾年，納粹黨上台執政。

有一天，納粹黨將傳教士與村中所有的人送往集中營。在下火車、列隊前進的時候，一個手拿指揮棒的指揮官，在前面揮動著棒子，叫道：「左，右。」向左走的人前面是死亡之路，向右走的人則還有生還的機會。

指揮官點到了傳教士的名字，傳教士渾身顫抖的走上前去，當他絕望地抬起頭來，眼睛一下子和指揮官的眼睛相遇了。

傳教士習慣地脫口而出：「早安，米勒先生。」

雖然，米勒先生的表情沒有變化，但仍禁不住回了一句問候：「早安。」聲音低得只有他們兩人才能聽到。最後的結果是：傳教士被指向了右邊──生還者。

不同的情緒會產生不同的感受與結果。人是很容易被感動的，而感動一個人靠的未必都是慷慨的施捨，巨大的投入。有時候，一句熱情的問候，一個溫馨的微笑，一個友好的動作，也會溫暖一個人的心靈，甚至成為幫助自己走上柳暗花明之境的一盞明燈。

這就是情緒的力量，是情緒神秘之所在。如果戴著灰色眼鏡看世界，那麼你的世界必然也是灰色的；如果努力讓自己看向光明，那麼你的前途也是光明的。

在一個天似鏡，風如紗，竹濤陣陣，流水淙淙的日子裏，李白與阮籍一同到神的腳下尋找快樂幸福之門。

那天，李白腰掛酒葫蘆，身著白青紗，胯下小毛驢，頂上飄飄髮，不時用手撫一下那長長的山羊鬚；而阮籍則坐在一頭老牛拉的破車上，車上的酒瓶東倒西歪，頭髮凌亂如草，衣服上半個扣子也沒有，用一支樹枝掛住，潦倒非常。

他們跟著神來到了一個房間，神各給他們一個裝有半壺酒的破耳壺。阮籍搖一搖又往壺裏看一眼，嘆氣道：「神怕是偏心這西域浪子，我只有半壺酒，他卻有一壺吧！」李白笑了笑說：「神看來是對我們很好，我有大半壺仙酒，這味道一定美極了！」

神感興趣的看了兩人一陣子，微微一笑。然後，把他們帶到一個分岔路口，讓他們各自離去。

李白走的那條路荊棘叢生，泥淖的山石路讓小毛驢弄傷了腳，他從驢身上落到了泥水中，青白衫頓時一片黃一片黑，鳥兒從樹叢中驚飛。他哈哈一笑說：「這回酒可醒了，可以好好走路，再說八隻腳總比四隻走得快。」他又喝了一口酒。走了不久卻碰到斷崖，無路可走了。他吟了一句：「天生我才必有用，千金散盡還復來。小毛驢，你可不必受我壓迫了，有緣再會！」說完便動手往山下攀爬。

而此時的阮籍正對著他那半壺仙酒嘆氣，突然一隻猴子搶走了他用來遮風擋雨的破帽，他為了搶回帽子打翻了多半的酒，人也倒在路旁，棘刺刮破了皮肉，鮮血直流。他又嘆氣說：「唉！天不助我呀！」爬上牛車走未幾刻，斷崖在眼前出現了。他頓時悲從中來，憶起傷心往事，哭天搶地喊了起來：「叫我如何是好，如何是好……」頓時眼前一黑暈倒在車上。

李白歷盡艱辛，終於爬到了山下，眼前是一片從未見過的美好境地：金色的樹枝，寶石的果子，銀白的葉片，雲霧繚繞，花影叢叢。不遠處，神正笑著對阮籍說些什麼，李白也來到了神的面前。

神點了點他們的酒壺，只見一陣紅光閃過，兩人手中多了一把鑰匙，一把刻著「悲觀」，另一把刻著「樂觀」，李白成功地打開了門，而阮籍則無語嘆息。

神笑著說：「樂觀就是披荊斬棘的一把刀，悲觀則是人們前進路上的擋路石。你們也看到了各自的結果：樂觀，則幸福快樂；悲觀，則無所事成。」

神的一番話語，使兩人頓時豁然開朗。

情緒影響著你的行動，給你帶來不同的生活。悲觀的人，先被自己打敗，然後才被生活打敗；樂觀的人，先戰勝自己，然後才戰勝生活。在悲觀的人眼裏，原來可能的事也能變成不可能；在樂觀的人眼裏，原來不可能的事也能變成可能。

喜、怒、憂、思、悲、恐、驚，乃人之常情。正確調節自己的情緒並理解他人的情緒，可以讓生活更順遂，而錯誤表達自己的情緒，忽視甚至誤解他人的情緒，則可能招致不可估量的損失。

我們都嚮往幸福的生活，大多數人不願經歷痛苦、悲傷，或是恐懼、憤怒。然而，我們的生活中不能沒有情緒，我們要做的只是如何能在情緒的世界裏生活得更好。

# 情緒決定命運

安東尼・羅賓有句名言：「**你有什麼樣的感覺，你就有什麼樣的生活。**」的確，人感覺到的，就是所擁有的，人感覺到的越多，所擁有的也就越多。

態度決定一切，這是生活的哲理。擁有好情緒，就是勝利的保證，樂觀的態度能指引我們更上一層樓，挑剔和抱怨不是我們面對生活的態度。每個人今天的命運狀況，或許都是自己昨天情緒的結果。

看了下面這個故事，你的內心是否也會有所觸動呢？

凱斯特是一名普通的汽車修理工，生活雖然勉強過得去，但離自己的理想還差得很遠，他希望能夠換一份待遇更好的工作。有一次，他聽說底特律一家汽車維修公司在招聘，便決定去試一試。

他在那家汽車維修公司附近旅館的房間想了很多，把自己經歷過的事情都在腦海中回憶了一遍。突然間，他感到一種莫名的煩惱：自己並不是一個智商低下的人，為什麼至今依然一無所成，毫無出息呢？於是，他取出紙筆，寫下了四位自己認識多年、薪水比自己高、工作比自己好的朋友的名字。其中兩位曾是他的鄰居，已經搬到高級住宅區去了；另外兩位是他以前的老闆。他捫心自問：與這四個人相比，除了工作以外，自己還有什麼地方不如他們呢？其實，他們實在不比自己高明多少。

經過長時間的思考，他終於找到了問題的癥結—自己性格情緒的缺陷。在這方面，他不得不承認自己比他們差了一大截。

現在，已是深夜三點鐘了，但他的頭腦卻出奇的清醒。覺得自己第一次看清了自己，發現過去很多時候自己都不能控制自己的情緒，例如：愛衝動、自卑，不能平等的與人交往等等。

整個晚上，他都坐在椅子上自我檢討。他發現自從懂事以來，自己就是一個極不自信、妄自菲薄、不思進取、得過且過的人。他總是認為自己無法成功，但從未在自己的性格方面思考無法成功的原因。

於是，他痛下決心，要保持一個積極向上的心態，一定要改善自己的情緒和性格，彌補自己在這方面的不足。

第二天早晨，他滿懷自信的前去面試，最後順利的被錄用了。在他看來，之所以能得到這份工作，與前一晚的感悟以及重新建立起的自信不無關係。

兩年後，凱斯特逐漸建立起了好名聲，認識的人都認為他是一個樂觀、機智、主動、熱情的人。在後來的經濟不景氣中，每個人的情緒都受到了考驗，很多人都倒在了情緒面前。而此時，凱斯特卻成了同行業中少數仍可以做到生意的人之一。公司進行重組時，分給了凱斯特可觀的股份，並且加了薪水。

的確，情緒對我們的生活和命運具有決定意義的影響，它會引導我們以現實、恰當的方法做事，但有時也會讓我們做錯事而後悔莫及。

成功首先來自於自我情緒的完善，而非才能。美國心理學家南迪・南森指出：一般人的一生平均有十分之三的時間處於情緒不佳的狀態，每個人都不可避免地要與消極情緒做持久的鬥爭。

傑克是個多愁善感的年輕人，葉落草枯都可能引起他的無限感觸。他常常一言不發的凝神靜思，有時還莫名其妙的哀聲嘆氣。

在長吁短嘆中，傑克已步入中年，有一天傑克碰到一位心理學家，當心理學家聽他訴說了自己的苦惱後，便一語道破了其中的原因：「你的過去之所以從未快樂過，關鍵在於你總把已經逝去的一切看得比實際情況更好，總把眼前發生的一切看得比事實更糟，總把未來的前景描繪得過分樂觀，而實際卻又無法達到。如此漸漸地形成了惡性循環，自然就鑽入庸人自擾的現象了。」

心理學家還說：「人的性格弱點就在於好高騖遠，總是向社會提出不切實際的要求，可是你並不清楚那是無法達到的。你想片刻之間就解決人生的全部問題，自然就對昨天、今天和明天產生這樣或那樣的憂愁了。」

這世界上成功的人永遠是少數，成功者越活越充實，失敗者卻越過越艱難。你想過沒有，成功與失敗的關鍵就在於是否有一份健康的情緒，古代張繼落榜，白居易被貶，陶淵明棄官，似乎成功的大門已在他們面前關閉，但他們都發現了那扇引領他們走向文學輝煌的窗，推開窗，別有一番天地。

其實，有時候我們遇到困難並不意味著窮途末路，就好比花兒的變化，今天枯萎的花兒蘊藏著明天新生的種子，同樣今天的悲傷也可能預示著明天的快樂。現代社會的競爭是非常激烈的，保持好情緒尤為重要，只有擁有一個好情緒才能開始一次心平氣和的旅程。

# 情緒與身心健康密切相關

有一首詩：「你要是心情愉快，健康就會常在；你要是心境開朗，眼前就是一片明亮；你要是經常知足，就會感到幸福；你要是不計較名利，就會感到一切如意。」情緒是什麼？情緒是人對客觀事物的反應，是主觀對客觀感受的外在表現。如果我們想掌握生命的主動權，就必須保持一份好心情和樂觀向上的精神狀態。

一份情緒寓於一種精神，好情緒可以傳達力量，充滿鬥志，書寫不同的人生「劇本」。

尼古拉・奧斯特洛夫斯基是蘇聯著名的作家，出生在烏克蘭一個貧窮工人家庭，十歲左右便開始工作謀生。幫人家牧馬，在車站食堂當小伙計，在發電廠當助理司爐，貧困屈辱的生活培養了他對舊世界的仇恨和反抗性格，但是並沒有讓他對生活失去希望。

由於工作需要，他不得不長時間泡在水深及腰的冰水中，致使風濕病越來越嚴重，並日趨惡化，直至全身癱瘓，雙目失明，完全失去了活動能力，然而他絲毫沒有悲觀消沉，心想：「只要心臟還沒有停止跳動，就會使自己成為一個有用的人。」他躺在病床上還學習文學創作，他認為他這才找到「進入生活的入場券」，並最終寫成了《鋼鐵是怎樣煉成的》這部激勵了數千萬人的長篇勵志書。所以說，情緒能給人精神力量，可以彌補身體的缺憾，增強心靈的健康，增添生命的意義。現代醫學和心理學的研究成果表明，情緒不僅影響人的心理健康，而且可直接影響人的身體健康。一個人若心情愉快、舒暢，生活態度樂觀、豁達，則人體免疫功能活躍、旺盛，可減少疾病感染的機會。而異常的精神活動，可使情緒失控而導致神經系統功能紊亂，引起人體內分泌失調，從而百病叢生。正所謂：怒傷肝，思傷脾，憂傷肺，恐傷腎就是這個原因。

世界醫藥學的鼻祖、希臘著名醫生希波克拉底也曾說：「軀體本身就是疾病的良醫。」愉悅的情緒，會給人以正面的刺激，可減輕病情，有益於健康；而苦惱消極的情緒，則會給人以負面影響，誘發各種疾病，並使已有的病情惡化。

醫學上，很多例子都能很好的證明這點。

在美國休斯頓有個腫瘤專家，他每次在治療病人之前，總是娓娓動聽的向病人預言好結果，並能使他們深信不疑：自己一定能戰勝疾病。他還會把病人帶去見那些罹患過同樣疾病，並且已經治癒的患者，證實能夠起死回生。而另一所醫院卻出了問題，原先從未有病人因麻醉致死，病人正處在正常麻醉狀態，手術也非常順利，突然病人心臟停止了跳動。原來，病人在手術前聽說麻醉可能使人喪命。

科學家們還發現，經常發怒和充滿敵意的人很容易患上心臟病。哈佛大學曾經調查了一千六百名心臟病患者，發現他們之中經常焦慮、憂鬱和脾氣暴躁者比一般人高三倍。某研究機構追蹤一百二十名心臟病患者八年，結果發現最悲觀的二十五人中，有二十一人死亡；最樂觀的二十五人中，有六人死亡。

心理學家做過這樣的實驗：收集人們在不同情況下所呼出來的氣，包括悲傷、悔恨、憤怒或平靜、感恩、快樂……若是心平氣和時，所呼出來的氣與測試的實驗水混合沉澱後，則仍顯現得無雜色，一樣的清澈透明；可是悲痛時所呼出來的氣在實驗後卻呈現白色；生氣時呈現的是紫色。而將生氣時呼出的氣體溶於水中後，再將溶液注射到小白鼠的體內，發現小白鼠在一段時間後死亡。專家進而分析認為：如果一個人生氣十分鐘，其所耗費的精力，不亞於參加一次三千公尺的賽跑；所以人有不良情緒時，很難保持心理平衡，這時體內還會分泌出帶有毒素的物質，對健康極為不利。由此可見，情緒作用對我們的身心健康是何等的重要。俗話說得好：「**笑一笑，十年少；愁一愁，白了頭。**」生活中，我們不可避免會遇到失意、困難或險境，因此產生煩惱、痛苦、憂傷、憤怒等各式各樣的消極情緒。我們應採用適當的方法和途徑，合理宣洩，消除不良的情緒，重拾一份平和、快樂的情緒，塑造健康的活力。

# 好情緒帶來最佳競技狀態

如果有人問：誰是北京奧運會田徑場最偉大的明星？相信大部分的人都會回答一個名字：博爾特。博爾特在二〇〇八年北京奧運會上大放異彩，成為繼一九八四年美國名將卡爾・路易斯之後，二十四年來首位在奧運會上包辦男子一百、二百公尺金牌的選手。

北京時間二〇〇八年八月十六日，在北京體育場即將進行男子百公尺「飛人大戰」。當八位選手走出休息室時，身穿黃色隊服揹黑色包的博爾特顯得格外輕鬆，他邊走邊做出嘻哈舞步，同時不停地鼓掌。似乎在他看來，享受比賽更重要，這只是一場遊戲。當現場主持人介紹選手時，博爾特對著鏡頭笑了笑，將手指向自己的臉，似乎在告訴大家這是他最真實的心態，隨後還做出一個彎弓射箭的動作，那份毋庸置疑的自信被表露無疑。

比賽開始，博爾特在第四跑道，雖然〇・一六五的反應速度在所有選手中倒數第二，但三十五公尺後，博爾特已經擁有了領先優勢。就在終點線越來越接近的時候，他的腳步突然放鬆了，只見他伸開雙臂，笑著向前跑去，壓線的一刻，他甚至拍了拍自己的胸脯，似乎在向全世界宣告他的時代才剛要開始，他將一次次顛覆那些看上去遙不可及的極限。

在高手如雲的奧運會比賽中，博爾特不可思議的輕鬆超越了所有的前輩們，這與他絕佳的情緒和心境是分不開的。從容淡定上陣，笑傲群雄，他用舞步告示世人：好情緒迎來好戰績！

當今時代是悟性的賽跑！好情緒帶來好狀態。積極的情緒像太陽，光芒普照大地，消極的情緒像月亮，陰晴不定。良好情緒會帶給人體適度刺激，使心跳加快，呼吸急促，血壓升高，也能反射性的引起大腦皮質和腦部興奮性提高，因此充分發揮了人體潛能，而負面情緒則有著全然相反的作用。

其實，現實生活中充滿了各種機會，每個人都希望自己能有一番作為。但是，機會並不意味著成功，每一個機會事實上都是一種挑戰，就看我們能不能用一份健康的心態來面對這些挑戰。無論個人或企業要想擁有良好的競技狀態，並最終佔據成功的制高點，就必須帶著一份好情緒上路，這樣才能事半功倍。

眾所周知，微軟是一家在ＩＴ行業遙遙領先的公司，它以不斷進步的技術和更先進的產品，滿足著客戶的需求，制定並左右著市場競爭的未來規則。而事實上，推動微軟持續進步和發展的，則是蘊藏在微軟公司內部的一種追求成功和創新的人氣、情感和情緒。

誠實守信：公開交流，尊重他人，與他人共同進步；勇於面對重大挑戰：對客戶、合作夥伴和技術充滿激情，是微軟公司的核心價值觀。公司裏的每一個人都可以主導自己的工作，人人平等，資深人員也沒有「特權」，依然要自己回電子郵件，自己倒咖啡。

微軟還實行「開門政策」，即任何人可以找任何人談任何話題。一次，有一個新進員工開車不小心撞了比爾・蓋茲停著的新車，她嚇得問上司怎麼辦，上司說：「妳發一封電子郵件道歉就是了。」不到一小時，比爾・蓋茲不但回覆了她的電子郵件，還告訴她別擔心，只要沒傷到人就好，並且歡迎她加入公司。

鮑爾默的加入無疑為微軟注入了更多的活力與激情。無論是在公共場合發言，還是平時的會談，或者對員工講話，他總要不時的把一隻握緊的拳頭在另一隻手上不停地擊打，並總以一種高昂的語調爆破出來。他一上台，就向媒體宣稱要用激情主義在合作夥伴、客戶和業界同仁中，塑造微軟誠信的商業新形象。他的「激情管理」給人信任、激勵和壓力。

正是因為擁有良好的企業氣氛和成功的情感管理，才使得員工們一想到工作就覺得開心、快樂、喜悅，並且能夠在企業的平台上不斷自我成長，在工作中獲得超越工作本身的價值與意義，並且把這種企業的使命感與情感傳遞到市場上去。當他們在工作中得到滿足感、尊重感、成就感時，他們就會全心全意地用同樣的情緒和情感服務好企業的客戶，這樣一個充滿信任、支援、幫助、愉快、分享、激情和創造性的企業情緒和情感鏈條，就建立和運轉起來了，公司業績也必然會越來越好。

我們可以把這些向上的、發自內心的、無形的，同時又決定著企業命運的東西，總結為「企業積極情緒」。如果說硬體是企業的肌體，軟體是企業的血脈，而那看不見、摸不著卻又真實存在於企業內部的情緒則是企業的「氣」。意氣風發、精神抖擻、群情激昂，企業方能同心同德、貫徹始終、戰無不勝；反之，企業則會士氣低落、萎靡不振，最後以失敗告終。

因此，好情緒傳遞活力與鬥志，好情緒展開競技的最佳狀態。

# 壞情緒容易導致失敗

一九六五年九月七日，世界撞球冠軍爭奪賽在紐約舉行。路易士．福克斯胸有成竹，十分得意，因為他的成績遠遠領先於對手，只要發揮正常再得幾分便可登上冠軍寶座。然而，正當他準備全力以赴拿下比賽時，發生了一件令他意料不到的事情：一隻蒼蠅停落在母球上。

路易士沒有在意，揮了揮手趕走蒼蠅，然後俯下身準備擊球，但當他的目光落到母球上時，這隻蒼蠅也再次停落在母球上，他又揮了揮手趕跑了牠。然而這隻蒼蠅好像故意要和路易士作對，正當路易士再次俯身時，蒼蠅又再次停落在母球上。觀眾席上發出了笑聲，而路易士的情緒顯然受到了影響，當那隻蒼蠅又停落在母球上時，路易士終於失去了冷靜和理智，憤怒的用球桿去擊打蒼蠅，一不小心球桿碰動了母球，裁判因此判了他已擊球，他因此失去了一次擊球機會。

這時本以為敗局已定的競爭對手約翰．迪瑞見狀，勇氣大增，信心十足，連連過關；而路易士則在極度憤怒與失控情緒的驅使下，接連失利，最後錯失冠軍寶座，路易士沮喪地離開了比賽場地。

一隻小小的蒼蠅擊敗了一個攻城掠地的世界冠軍！不禁令人扼腕嘆息，更讓人震驚深思。可以說，路易士並不是沒有能力拿下世界冠軍，但他的能力卻被他的情緒所左右，在對待影響自己情緒的事時，不夠冷靜和理智，沒能控制和調節好這種負面情緒，最後失掉了冠軍。

生活中的非理性因素實在是太多了，以至我們常常會因為這些非理性的因素而控制不住自己，產生諸多不良情緒，導致發生了一些原本不該發生的事情。壞情緒常常在不經意間來到我們的身邊。對個人而言，輕則破壞我們良好的心境，重則破壞人與人的關係，甚至傷害他人；對團體而言，壞情緒往往相互感染，破壞團隊的凝聚力，把團隊引進壞情緒的圈子，讓我們遭到失敗。

生活中，我們經常見到有人發脾氣，也經常看到有人因為發了脾氣，而把事情搞的一團糟，其中的原因不是這個人的能力不夠，更不是這個人缺乏溝通的能力，而是因為這個人的壞情緒，導致了最後的失敗。

美國石油大王洛克菲勒在某案件中受審時，因為在面對對方粗暴的詢問時，一直保持平和甚至不動聲色的態度，使他贏得了這場官司。而他的對手剛好是因為不能控制這壞心情，導致了最後的失敗。

對方的律師在法庭上詢問的態度，明顯地懷有惡意：「洛克菲勒先生，我要你把某日我寫給你的那封信拿出來。」這封信是質問關於美孚石油公司的許多內幕的，洛克菲勒知道，這個律師是沒有權力來質問這件事情的。不過洛克菲勒並沒有進行任何的反駁，只是靜靜地坐在自己的座位上，不做任何表示。

法官開始發問：「洛克菲勒先生，這封信是你接收的嗎？」

「我想是的，法官先生」

「那麼你回那封信了嗎？」

「我想我沒有，法官先生。」

這時法官又拿出許多別的信件來，當場宣讀。

「洛克菲勒先生，你能確定這些信都是你接收的嗎？」

「我想是的，法官先生」

「那你說，你有沒有回覆那些信件呢？」

「我想我沒有，法官先生」。

對方律師開始插嘴：「你為何不回那些信呢？你認識我，不是嗎？」

「是的，當然！我想我從前是認識你的」。

此刻，對方律師心情已經糟透了，甚至有點開始暴跳如雷了，而洛克菲勒卻還是十分鎮定的坐在那裡。全庭鴉雀無聲，除了對方律師的咆哮聲。最後對方律師控制不住自己的情緒，不小心把真相說漏了嘴，結果可想而知。而洛克菲勒不僅贏得了官司，還在美國人眼中，留下了一個很優雅的形象。

其實對方律師的技術並不是不好，證據並不是不充分，他僅僅是輸在情緒上，一個律師最重要的是要處變不驚，沉著應對各種問題，即便出現了自己不可控制的局面，也不能一時情急而把重要的事實洩漏了，這樣不僅給委託人帶來重大的損失，也毀了自己的聲譽。試想，如果對方的律師能夠控制好自己的情緒，那麼他有很大可能獲得勝訴的。

芝加哥第一國家銀行董事會會長維特・摩亞說過：「如果某人情緒不穩，甚至怒不可遏，我總覺得對於我自己來說不但沒有壞處，更會對我的地位產生幫助」。因此，不要因為別人發怒，你便怒不可遏，要知道那正是你應當心平氣和的時候。當然，每個人都是有情感的，不可能像木頭人一樣沒有情緒，也不可能永遠保持冷靜的頭腦。不過當你想發怒的時候，先想想這種爆發會產生什麼影響，是否會有損於你自己的利益，那麼你也許就會好好約束自己，控制自己的情緒了。

如果人們在事業長跑中沒有保持一種健康的情緒，最終將無法觸摸到成功的終點線。並非他們才智平庸，也不是時運不濟，與其說他們是在與別人的競爭中失利，不如說他們輸給了自己不成熟的情緒。

然而，控制壞情緒也並不是說要壓制一個人的情感，情緒波動和產生負面情緒都是很正常的，重要的是要將這種情緒合理化，正確的釋放和轉化，以不影響我們的正常生活和工作。

當壞情緒來襲時，我們應以理性克服情感上的衝動，選擇在一個恰當的場合以一種恰當的方式發洩出來，或是轉移自己的注意力，去參加適當的活動，或是到遠處去走走來放鬆自己的心情。

放開那些無謂的束縛，讓自己的心靈解放，自在地飛翔。

# 探究你情緒背後的意義

一天，一位村民看到死神前往一個村落，他小心翼翼地詢問死神前去的目的，死神面無表情地回答說：「我要到前面的村落取走一百條性命。」

村民聽完立刻拔腿奔跑，以最快的速度趕到那個村莊，他不辭辛勞地告訴每一個人，要大家小心，因為他不知道死神會帶走哪一百個人？

第二天早上，死神鐮刀的光影映照著那純樸的村落，當死神踏進村莊時，這位好心通報的村民卻堵在死神前面，帶著不滿的口氣說：「你騙我，你昨天明明說要帶走一百個人的性命，可是為什麼昨晚村子裏卻死了一千多人呢？」

死神心平氣和的說：「你放心，我說一百人就是一百人，昨晚死的人只有一百人是我名單裏的人，其餘的都是被恐懼與焦慮帶走的。」

這只是一則寓言，也許大家覺得有點兒誇張，而下面則是一個發生在美國的真實案例。

尼克是美國的一位鐵路工人，有一天他奉命去檢查一節有冷凍功能的火車車廂時，不小心被鎖在車廂內，在經過一陣呼喊以後，都沒有人聽到他求救的聲音，他發現空氣越來越稀薄，而冷凍的作用也讓他越來越覺得寒冷，尼克只好將身體蜷縮在一起，把衣領拉得更高，只是依然很不幸，當其他人發現時，尼克已經回天乏術，他被「凍死」在車廂裏了。只是，令人疑惑的是，那節車廂的冷凍功能其實是故障的，尼克只是被自己的恐懼情緒所殺害。

人們在與外界的交往中，情緒也會隨之變化，有時候我們會興奮、高興、愉悅、自在、放鬆，有時候我們也會感到恐懼、悲傷、憂鬱甚至產生敵意，它們不只會影響到我們的人際關係與工作表現，更可能會危及身體健康與生存安全。**有一句話說的好：好的情緒帶你進天堂，壞的情緒帶你住套房，甚至會住進十八層地獄！**

古代阿拉伯學者阿維森納，曾把一胎所生的兩隻羔羊置於不同的外界環境中生活：一隻羔羊隨羊群在水草地快樂的生活；而在另一隻羔羊旁拴了一隻狼，牠總是看到自己面前那隻野獸的威脅，在極度驚恐的狀態下，根本吃不下東西，不久就因恐慌而死去。

從某種程度上說，人類的恐懼、嫉妒、敵意、衝動、憤恨等等負面情緒都是一種毒素，長期被這些心理問題所困擾，就會導致身體上產生疾病。只有學會控制管理好自己的情緒，才有可能長命百歲。

有這樣一則堪稱「神奇」的故事：一對英國的夫妻在做年度身體健康檢查時，檢查出太太得了乳癌，先生得了前列腺癌並且有嚴重的心臟病，主動脈血管有三分之一已被阻塞，醫生預估這二人的壽命都只剩半年。

這對夫妻並沒有因此而哀聲嘆氣，決定好好度過剩餘的歲月，於是他們在白紙上寫下最後想完成的五十件事，然後他們賣掉了倫敦的房子，將這筆錢用在環球旅行上。在他們的旅行過程中，他們幾乎忘記了生病這一回事，格外珍惜每一天，開心的享受兩人獨處的時間，就好像回到初戀時的熱情一樣，連旁人也羨慕不已。

半年後，他們回到了倫敦，再到同一家醫院做進一步檢查時，奇蹟發生了，醫生驚訝地發現二人的癌細胞已經消失，連丈夫的動脈血管阻塞也好了許多，這個結果讓醫生感到匪夷所思。後來，醫生認為這是積極情緒的作用，快樂的人腦內會分泌一種安多芬，它會增加體內的淋巴球，進而增強對抗癌細胞的能力，讓人重新獲得健康。

因此有人說，**積極的心態是創造人生，而消極的心態則是消耗人生；積極的心態是成功的源泉，是生命的陽光和溫暖，而消極的心態是失敗的開始，是生命的無形殺手。**

所以千萬不要忽視情緒的力量，請察覺每一個情緒背後的意義，它可能是死神的召喚，更可能是改變命運之門的鑰匙。情緒就像是舞台演出的背景一樣，使你的演出蒙上某種色彩，同樣的一幕演出，如果在灰暗的布景下，可能意味著悲劇性的結局；如果是在明亮的布景下，則可能被詮釋為輕鬆的小品。

那麼，我們要做的就是為每一個情緒負責，讓負面情緒減少、正向情緒增加，不在負面情緒時做出重大的決定；學習關心別人的情緒，經常心存感激不忘欣賞生活的美好，保持均衡的生活，讓每一天都過得有意義。

# 第二章　管理情緒，自己才是情緒的主人

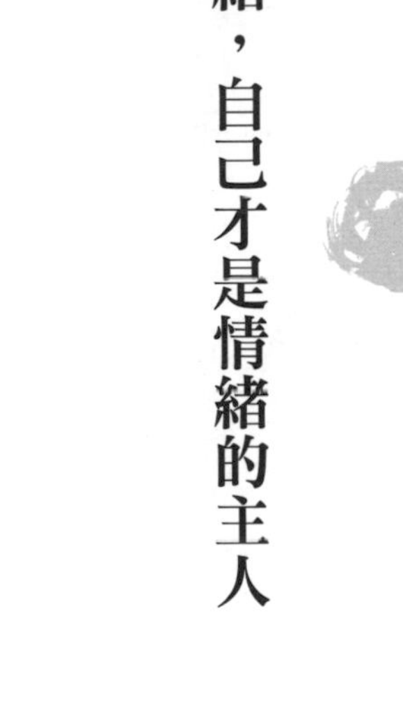

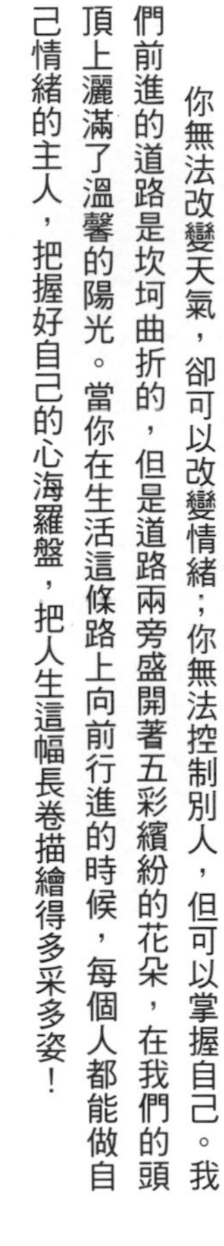

你無法改變天氣，卻可以改變情緒；你無法控制別人，但可以掌握自己。我們前進的道路是坎坷曲折的，但是道路兩旁盛開著五彩繽紛的花朵，在我們的頭頂上灑滿了溫馨的陽光。當你在生活這條路上向前行進的時候，每個人都能做自己情緒的主人，把握好自己的心海羅盤，把人生這幅長卷描繪得多采多姿！

# 做情緒的主人

著名專欄作家哈里斯和朋友在報攤上買報紙，那朋友禮貌地對報販說了聲謝謝，但報販卻冷眼看他，不發一語。「這傢伙態度很差，是不是？」他們繼續前進時，哈里斯問道。「他每天都是這樣的。」朋友說。「那你為什麼還要對他那麼客氣？」哈里斯問他。朋友答道：「我為什麼要讓他決定我的行為？」

一位哲人曾經說過：「一個人的心態就是一個人真正的主人，不是你去駕馭生命，就是讓生命來駕馭你，而你的心態將決定誰是坐騎，誰是騎師。」

你是否也有過這樣的經歷：考試前焦慮不安、坐臥不寧？被老師和父母批評後，更不思前進、自甘墮落？和朋友爭吵後，上街亂逛並買一堆不需要的東西洩憤？

你偶爾有這樣的情緒還不要緊，如果是經常這樣，那就得注意了！因為在不知不覺中，你已經成了「感覺」的奴隸，陷於情緒的泥淖而無法自拔，所以一旦心情不好，就「不得不」坐立不安、「不得不」曠工、「不得不」亂花錢、「不得不」酗酒滋事；長期下去，會擾亂了自己的生活秩序，也會干擾了別人的工作與生活。

潮起潮落，月圓月缺，雁來雁往，花開花謝，世界萬物都在循環往復的變化中，又何況是我們人類呢？所以有情緒並不可怕，可怕的是不會管理情緒。

就讓我們來學會如何管理情緒吧！心平氣和的對待一切事物，這樣我們的情緒才會保持在一種良好的狀態下。如果我為別人帶來風雨、憂鬱、黑暗和悲觀，那麼他們也會報之以風雨、憂鬱、黑暗和悲觀。相反的，如果我們為別人獻上歡樂、喜悅、光明和笑聲，他們也會報之以歡樂、喜悅、光明和笑聲。如果我們學會控制情緒，同時也能體察別人的情緒變化，這樣就更容易駕馭情緒；寬容別人的同時更會使自己保持一份好的心情。

每個人心中都有一把「快樂的鑰匙」，但是我們卻常在不知不覺中把它交給別人掌管。有一位業務員抱怨說：「我活得很不快樂，因為我經常碰到難搞的客戶。」他把快樂的鑰匙放在客戶手裏。一位職員說：「我的老闆很苛刻，讓我非常生氣！」他把鑰匙交到老闆手中。一個成熟的人會握住自己快樂的鑰匙，他不期待別人能讓他快樂，反而願意將快樂與幸福帶給別人。

弱者任憑思緒控制行為，強者讓行為控制思緒。當我們縱情得意時，要記得困苦的日子；當我們洋洋得意時，想想競爭的對手；當我們沾沾自喜時，不要忘了那忍辱的時刻；當我們自以為是時，看看自己能否讓風駐足。正如大師奧格曼狄諾所說：**學會掌握情緒，做情緒的主人，是人生前進的關鍵**。

當我們感到有壓力的情緒時，適時的放下壓力並好好地休息一下，然後再重新出發，才可以承擔的更久。而且還應該學會把壓力情緒分解，避免在一個時期，承擔太重的壓力。通常我們朝向目標邁進的過程就像上樓一樣，一次是絕對跳不上頂層的，相反的，跳得越高就摔得越重；所以，必須一步一個台階的走上去。每前進一步，達到一個小目標，就能使我們體驗了一次「成功的感覺」，而這種「感覺」能強化了我們的自信心，且能推動我們穩步發揮去達到下一個目標。可見，「成功的感覺」源自對情緒的管理。

丹尼爾是美國著名的心理學家，他提出：一個人的成功，只有二〇%是靠IQ，八〇%是憑藉EQ而獲得。而EQ管理的理念即是用科學的、人性的態度和技巧來管理人們的情緒，善用情緒帶來的正面價值與意義幫助人們成功。

情緒是我們生命的一部分，就像我們的手與腳，像我們累積的經驗和知識一樣，是可以為我們服務的。如果我們能妥善的發揮情緒的作用，不做情緒的奴隸，而是成為情緒的主人，相信我們的人生一定是可以更好的。

# 學會發現並獲得好心情

人生在世短短的幾十年，博得多少掌聲和羨慕的眼光並不重要，重要的是你得到了多少的心安和做人的樂趣。我們大多數的人都不可能體會到獲得諾貝爾獎、奧斯卡獎等，人生大獎時的激動與高興，但人的一生中還是有很多賞心悅目的事，比如：一聲讚美，一個輕吻，親友圍坐，一席盛宴等，這些都是經常環繞在我們身邊的。何必為了無法得到的東西而煩惱，要學會懂得享受人生之中的任何事情，只要善於發現，快樂是無處不在的。

一家知名的心理研究所，透過對城市中一千戶家庭的問卷調查，得出了一個結論：快樂正悄悄的離我們遠去，而焦慮已成為現代人的心病。現代社會競爭加劇而導致人們快樂減少，焦慮驟增，社會把注意力過多地集中在行動的「目標」或「結果」上，而忽視了對過程的注重和體驗。比如做飯時總把注意力放在儘快地做完，吃飽肚子了事，結果因鍋碗瓢勺、油鹽醬醋、洗切翻炒，忙得不得喘息，也就心存厭煩之意；其實我們完全可以把做飯當成一個情感交流的好機會。

隨著現代社會生活節奏加快，人們背負了更加沉重的工作和學習壓力，即使是一家人，也難得有溝通交流活動的時間，社會心理學的研究表明，人與人之間的感情，是和相互之間的接觸機會和時間有著密切的關係。

我們何不用一種平靜的心態對待這些瑣事，從中尋找興趣和快樂。

如果你渴望健康和美麗，如果你珍惜生命的每一寸光陰，如果你願意為這世界增添晴朗和歡樂，如果你即使倒下也要面向太陽，那麼請你保持著一個好心情吧。健康和歡樂，不是每一個人都能常常擁有的，它需要發現也需要培養。

麥克卡迪是克里夫蘭州立大學的教授，他為了和自己的孩子共享歡樂，而製作了一本幽默手冊。麥克卡迪說：「我們稱它為《真是荒唐》，並收集編輯其內容，結果它成了我們之間的一種真正紐帶。」當然，編輯這麼一本幽默手冊很費時間，但我們可以自己備一份笑料，將自己喜歡的幽默故事剪輯起來，也可準備一本練習簿，記錄日常生活中的幽默軼事，這樣快樂的習慣不就培養起來了嗎？

快樂為一種情緒，也是人的行為之一。正如彈琴是人的行為一樣，琴師經過練習可以不用思考與決定，就可以習慣地按動琴弦，彈出悅耳的樂曲。同樣道理，人們經過練習，也完全可以培養出快樂的習慣。美國賓夕法尼亞大學的馬丁・塞利格曼和他的同事研究發現，能培養快樂的一個有效辦法是：每天晚上要想三件當天發生的高興事，並分析其發生的原因，這會使人更注意發生的好事，同時也使人忘記每天發生的不愉快。

愛默生也曾說過：「心理健全的尺度是到處都能看到光明的秉性。快樂或隨時保持愉悅的情緒，能夠在漫不經心的練習中巧妙地、系統地培養出來。快樂不是在你身上發生的事，而是你自己做的，取決於你自己的事。如果你等快樂主動降臨，或者碰巧發生，或者由別人帶來，那你可能要等很長的時間。除了你自己以外，誰也無法決定你的思想。」

如果我們養成快樂的習慣，就變成情緒的主人而不再是情緒的奴隸。正如史蒂文生所說過的：「快樂的習慣使一個人不受、至少在很大程度上不受外在條件的支配。」

好心情是生活的芳香劑，能帶給你無窮的快樂，好心情是「漠漠水田飛白鷺」的閒情逸緻，是「採菊東籬下，悠悠見南山」的怡然自得。誰能握住歡樂的源流並使它匯聚成河，流過我們短暫的一生，誰無疑就是一個心頭有鳥聲啁啾、腳下有綠草鮮花的智慧且心胸寬大的人！

# 不妨「裝」出好心情

有這樣一則新聞：

日本人善於做生意，這是舉世公認的。但由於日本人強烈的東方民族色彩，使他們在做生意時不喜歡表露出自己的感情，特別是不喜歡笑。

所以，日本人在談生意的時候給人的感覺是壓抑和刻板。由於日本人的主要貿易夥伴大部分都是西方人，而西方人性格外向，因此這兩種文化之間往往會產生衝突。

為了能夠在生意場上更好地表達自己的情感，日本人想了很多辦法。公司的老闆為了讓員工面帶笑容，在下班之前的半個小時裏，訓練他們笑。具體的方法是每人發一支筷子，橫著咬在嘴裏，固定好臉部表情後，將筷子取出。此時人的臉部基本上維持一個笑容的狀態，再發出聲音，就像是在笑了。

這種看似荒誕的做法，是有著心理學研究的依據，這種研究的最主要問題是：究竟是情緒引起身體的反應，還是身體的反應引起情緒的變化呢？換句話說，人們是因為哭才憂愁，還是因為憂愁而哭；是因為恐懼而發抖，還是因為發抖而恐懼呢？

通常而言，人們都認為是情緒引起人的反應。也就是說，人們憂愁的時候才會哭，恐懼的時候才會發抖，但心理學家的研究表明並不完全是這樣。剛好相反，人們會因為哭而發愁，會因為發抖而感到恐懼，這也就是說，人的情緒是可以由行為引發的。根據這種觀點，人可以透過控制行為的方式來控制自己的情緒。日本人面部表情的鍛鍊充分運用了這個觀點。

最常見的一個例子即是，當你在生氣的時候，可以找一面鏡子，對著鏡子努力做出笑容來，持續幾分鐘之後，你的心情就會真的變得好起來，這種方法叫做「假笑療法」。實驗證明，假笑能觸動體內橫膜，具有很好的熱身效應，它好比將車鑰匙插進汽車中一樣，只要轉動鑰匙，發動機就會工作。假笑的道理也一樣，假笑時，體內橫膜會將假笑引發成真笑，不知不覺中，你會由衷地發出笑聲了。

「假喜真做」是心理學上的一個術語，就是假裝自己喜歡，並且付出實際行動。美國著名教育家卡耐基提出：「假如你『假裝』對工作感興趣，這態度往往就使你的興趣變成真的。這種態度還能減少疲勞、緊張和憂慮。」

有位辦公室秘書，經常要處理許多煩瑣的書信文件，還要抄寫和打字，工作很枯燥無味。後來她心想：「這是我的工作，公司對我也不錯，我應該把這項工作做得好一些。」於是決定假裝喜歡這項但實際上自己討厭的工作，從此以後，她發現如果假裝喜歡自己的工作，那麼真的就會有點喜歡它了，而且一旦喜歡起自己的工作，就能做得更有效率。由於工作得好，她被公司升職了。現在，她總是經常超額完成任務，這種心態的改變所產生的力量，確實是神奇無比。

心理學家普遍認為，除非人們能改變自己的情緒，否則通常是不會改變行為。就像我們常常逗眼淚汪汪的孩子說：「笑一笑呀！」結果孩子勉強地笑了笑之後，跟著就真的開心起來了，這就很好地說明了情緒的改變將導致行為的改變。

英國心理學家霍特曾說過這樣一件事情：有一天詹姆斯感到意氣消沉，以前的他通常應付情緒低落的辦法是避不見人，直到這種心情消失為止。

但這天他要和上司舉行重要的會議，所以決定裝出一副快樂的表情。他在會議上笑容可掬、談笑風生、裝成心情愉快而又和藹可親。

令他驚奇的是：他不久就發現自己不再憂鬱不振了。詹姆斯並不知道，他其實是採用了心理學中的新原理：裝作有某種心情，往往能幫助我們真的獲得這種感受—在困境中較有自信心，在事情不如意時較為快樂。

一個人如果總是想像自己進入某種情境、感受某種情緒，那麼這種情緒十之八九會真的到來。同樣，當一個人故意裝作憤怒時，由於情緒的影響，他的脈搏會加快，體溫也會上升。

所以，當我們煩惱時，不妨「裝」出一份好心情，多回憶曾經愉快的時光，用微笑來激勵自己。正如英國小說家艾略特所說：「行為可以改變人生，正如人生應該決定行為一樣。」

# 對你的壞情緒寬容一點

眾所周知，古典邏輯學中的「同一律」指A就是A，它不能是B，也不能是C。任何事物就是它本來的樣子，無論是它所呈現的，還是它所暗示的樣子。就好像卡車，我們會說它又硬又重，可能對生命構成威脅；氰化物由於本身獨特的化學成分，進入人體血液後會產生一定的化學反應。同一律看起來好像如此簡單和明顯，但其重要性卻不能忽視，如果我們不接納，就有可能帶來嚴重後果。如果把卡車當成花兒，很可能會被它碾死；同樣，如果把氰化物當成食物，那小命就不保了。我們必須按照同一律去生活，這樣才符合生存的要求。

同一律在心理學上的地位也是一樣重要的，但在情緒領域它經常被忽視。雖然人們在卡車或氰化物問題上，可以很容易的認可同一律，卻經常在自己的情緒上有著相反的態度。比如說，很多人會把自己想像成勇者，於是就不願意接受自己的恐懼或不安全感；有些人由於覺得自己是個大方的人，而拒絕承認自己的嫉妒情緒。其實，恐懼、不安全感以及嫉妒這些情緒是永遠存在人性裏的，它們就像月亮和星星等客觀存在一樣，不會因為否認而消失。

大學畢業後，張小姐工作不久便遇到了煩惱，陷入迷茫。於是，她寫信向專家心理諮詢：「自認為我是很有毅力的女生。剛上國中時，我堅持每天早起跑步。和我一起跑步的有好幾個同學，沒過多久，她們就陸續放棄了，我卻堅持下來。大家都佩服我有毅力，我也為自己的堅持而驕傲。但是現在，我的意志力越來越薄弱。」

「我現在很容易想起以前傷感的事情，並且不能控制自己的情緒。自己也說不清楚，朋友的一句話，上司的一句批評，喜歡的男生對自己視而不見……一些鎖碎的事情都能讓我的壞情緒就莫名其妙的冒出來。這對我的影響很大，不知不覺中，我就陷入了憂傷。等我意識到，再回過神來，時間已經過去很久了。我曾試圖用毅力克服糟糕的心情，但怎麼也不管用，而且我的好友說自己也常常如此。我很想知道該如何克服壞情緒？」

只要產生了這種情緒，我們將無法全心投入學習或工作之中，總覺得自己再也找不到小時候的那種開心快樂，更多感受到的是煩惱、恐慌甚至不安。

其實，當我們抵制情緒時就好比一場沒有硝煙的戰爭，會造成生理能量的消耗，會時時刻刻做著感覺和思想的爭鬥，不允許自己讓這些感覺存在。這種內外交錯的掙扎，只會削弱精力，造成身心的更不和諧。相反，接受並體驗那些情緒時，我們則可以體會到心理和情緒的和諧共處。

有時候，因為我們希望體驗好情緒而不喜歡壞情緒，就採取了否定的態度。但如果真的想保持心理健康的話，你卻必須像接受同一律那樣，勇敢而輕鬆地接受它們。因為很明顯，越是有意識的抵抗自身情緒，它就越容易控制我們，更會淹沒我們，剝奪更多的選擇。其實，只要我們允許自己體驗那些負面情緒並認可它們，這樣它們不是消失，便是降低到了我們可以控制的層次。

哲學家培根曾說：「想要支配自然，首先就得順從它。」接受並不意味著改變壞情緒獨特的本質，但絕對可以讓你更清楚的體驗並認識到它們的本質，如果越瞭解其本質，我們就更清楚該如何處理它。一個接受自然定律的工程師，在發明飛機時，絕對比一個不接受自然定律的工程師強。同樣，一個接受自身情緒的人：嫉妒就是嫉妒，恐懼就是恐懼，會比不接受的人活得更舒坦，只有學會接受情緒，當我們恐懼時才不會逃跑，當我們嫉妒時才可以愉悅地幫助朋友。

情緒在很大程度上，是不受意志的控制。不過，這並不表示我們對待壞情緒，就只能聽之任之。我們不妨試著把情緒想像成一個孩子，學會接納和寬容它。孩子聽話的時候，我們接受他；他不聽話的時候，我們也不可能嫌棄他、拋棄他。因為聽話或不聽話，都是孩子特有的屬性，情緒也是如此。我們不如常常告訴自己：**「壞情緒也是自己情緒的一部分；波動的心境也是組成美麗青春的元素。」**這樣，只要我們不和壞情緒較勁，就會少了很多無謂的煩惱，它也無法影響我們的日常生活了。

我們可以用下面這些方法來安慰這個「孩子」：

首先，轉移注意力。雖然你無法控制情緒，但完全可以控制自己的身體。當我們陷入情緒的泥淖而無法自拔時，那就儘快離開眼前的境況，出去走走看看太陽，感受微風欣賞花草。這樣，如果轉移了注意力，心情也就會好多了。

其次，要學會給壞情緒留點時間。這樣做既代表接納了壞情緒，也不至於讓它放任自流。比如，將放學或下班後的半小時或一小時留給壞情緒，其他的時間，只要壞情緒一出現，便提醒自己：「現在，壞情緒的時間已經過了，我還有自己其他的事情要做！」

其實，真正的幸福生活是來自接納和寬容而並非取捨，承認「情緒就是情緒」，而非「我要好情緒，不要壞情緒」。在生活中，學會接納寬容你的壞情緒，才是你進步前行的助推器。

# 控制情緒，解放心情

在紛繁錯雜的世界面前，或許我們曾經迷茫過、失落過、憤怒過……而事後的結果是不堪入目。此刻，我們就要學會控制情緒，解放心情，做情緒的主人才是關鍵之所在。

這樣的事情經常會發生在交通擁擠的十字路口：整個路面都成了停車場，不耐煩的司機在裏面使勁地按著喇叭並撕心裂肺叫喊著，交通警察及時的出現阻止了就要陷入癱瘓狀態的交通。他熟練地指揮，該停的停，該轉的轉，該走的走，場面很快得到了控制。這時，交通警察的重要性便展現出了，沒有他們的指揮疏導，這種糟糕的狀況還會持續很久。

有時候，人的心情也會像這個雜亂的交通一樣，亂七八糟的各種情緒一起湧上心頭，讓人覺得心煩、頭痛不已；同樣，我們也需要給這些情緒一個合理的釋放。

疏導情緒時，我們要學會情緒轉向。不管是好心情還是壞心情，都需要有一個轉向過程。當我們心情極度興奮的時候，要學會情緒轉向，以免太過激動而發生不必要的麻煩；當我們心情極度低落的時候，也得情緒轉向，以防一蹶不振。如果我們學會疏導情緒，才能算是真正的成熟，才能做到不輕易流露出自己的情緒。

情商高是真正會控制情緒的人，他們善於接受各式各樣的事情，接受不可避免的困難，所以這種人在感到沮喪、生氣甚至是緊張的時候，他們總會先接受這種不可避免的事實，然後再用情緒轉向來發洩自己的心情。他們並不會因為所面對的事情，不是他們所想要的而採取一種逃避甚至是抵抗的態度；相反，他們會很自在地接納這些已經發生的事情，既不恐慌，也不沮喪，因為他們知道這些事情總會過去的，即便你再抵抗，再沮喪，事情還是照樣會發生，與其這樣，還不如接受。這樣，他們就可以真正的進入到自己的心靈世界，避免了這種負面的情緒影響。

有一個非常著名的宗教家名叫傑克・亨利，他在一次傳道的路途上，突然出現一夥強盜把他團團圍住，不僅把他毒打一頓，還把他身上所剩的一點盤纏也給搶走了。在空曠的原野上，雖然他身無分文，但他還是堅持一步一步地走向目的地。

後來這位著名的宗教家在日記中這樣寫道：「我要感謝上帝，感謝上帝給我這樣的保護，我真的是太幸運了。」並且，列出了之所以說自己幸運的幾個理由：

1、我在此之前竟然從來就沒有遇到過類似這樣不幸的事情，這次被我遇見真是幸運。

2、強盜只是搶走了我的錢，我的生命卻是安然無恙，說明這個強盜還是很不錯的，我真是幸運，遇到這樣的強盜。

3、他們只是搶走我身上的錢而已，並沒有搶走我所有的財產。而那些錢是可以再賺回來的，因此我也感覺到自己真的很幸運。

4、是他們搶我的錢，而不是我搶他們的錢，願上帝原諒他們的一時無知。

他在被強盜搶走了所有的盤纏後，還能列出了這麼多讓自己感到幸運的理由，不僅說明能自我安慰，還能給自己一個釋放心情的理由，亨利真不愧是一個情緒轉向的高手，因而，在傳道的過程中，他並沒有受到此劫的影響，一直保持很高的積極性。

我們不得不說亨利是一個極其明智的人，在面對不可避免的事情時，不抗拒、不逃避，而是放鬆心情並以一種博大的胸襟和氣魄來為自己解脫，讓自己很優雅地離開這種負面情緒，進入心靈的正面狀態。

同樣，在我們難過、煩悶時，不要一味想著對抗這些負面情緒，而是爭取做到放鬆自己，這樣壞情緒就會像落日一樣很自然的消失，我們應該學會如何在不經意間實現情緒的成功轉向。

歸根到底，情緒的轉向主要取決於產生情緒的行為、態度的轉變，只要這些方面先轉變，那麼作為產物的情緒當然也會跟著發生改變。所以我們應該知道，遇到困難時要換一種角度去剖析。比如說你遇到一個「大吼大叫」的人，不要認為對方是一個「脾氣暴躁」的人，而應該說他或許是一個「感情豐富」的人；在別人誤解你的時候，不要只說對方不可理喻，還要想想是不是自己沒有說清楚。

學會情緒轉向後，還要讓自己的心情紓解，做到面對羞辱時還能泰然處之。

情緒低落的原因主要有兩種：

一種是自己情緒的失控，

一種是受到外界的刺激和影響。

當受到別人羞辱時，一般人通常會變得騷動不安很難控制自己的情緒，最後做出讓自己後悔莫及的事情，在這個時候只有冷靜的人，才會懂得情緒轉向、紓解心情。

一九八〇年美國總統大選期間，在一次關鍵的電視辯論中，卡特為了羞辱雷根，抓住他當演員時的生活作風問題，發起了蓄意攻擊。

此時，雷根並沒有絲毫的表示憤怒，只是微微一笑，很溫和的說：「你又來這一套了。」這種冷靜而又詼諧的調侃一時間讓聽眾哈哈大笑，並為他精彩的回答鼓起掌來。雷根為自己贏得了更多選民的信賴和支持，而卡特卻陷入了一種非常尷尬的境地，最後雷根獲得了勝利。

從上面這個故事，我們可以明白冷靜處事的重要性，這不僅表明對自己的瞭解程度，還意味著你是成熟。我們不僅要瞭解自己，還要瞭解別人，當這種瞭解達到一定程度的時候，我們就會越來越清楚事情內部存在的因果關係，這樣我們就不會出現大驚小怪、勃然大怒的情緒。鎮靜的人知道如何控制自己的情緒，並且在日常生活中能很好的理解別人，避免不必要的情緒波動，我們只有做到這樣才能真正做到控制情緒、紓解心情。

# 鍛造出你的好情緒

眾所周知，一個善於用錶的人不會把發條上得太緊，一個好的司機不會把車開得太快，一個好的琴師也不會把琴弦繃得太緊，而一個善於控制自己感情的人也會經常鍛鍊放鬆自己的情緒。鍛鍊情緒，可以從中追尋到一種愜意，一種暢達的感覺。

有一位心理學家做過一次改造心理的試驗：在一艘船上，他建議讓一些總感覺心浮氣躁的人到船尾去，面對船後波濤滾滾的海水，自己把心中一切的煩惱都拋到海水中，直到自己覺得心裏舒暢了為止。

最後，參加試驗的人員都告訴心理學家這是一種很有用的辦法，自己的壞情緒真的被清洗乾淨了，心中的煩惱似乎就在那一瞬間消失了，真的就像一件物體一樣掉進了海水中，轉眼就不見了。他們還打算以後都採取這種方式來消除心中的煩惱，直到自己全身都感覺到輕鬆為止。

我們真的可以將煩惱當做一件物體，丟進海裏嗎？其實，這是不太可能的。心理學家只不過是找了一個方式，來讓這些感到心浮氣躁的人發洩自己的這種鬱悶心情，當發洩完了，人們的煩惱就會隨之消失，心情也就輕鬆了。

有時，曾經的經驗、固定的想法、甚至是對每一種情緒的感受會重重地包圍著我們，就如同一台機器一樣，總是在超負荷的運轉，最終導致散壞。因此我們何不做一個深呼吸，去室外享受一下久違的陽光，給自己的心情一點時間與空間。

畢竟，在我們一生中都會經歷艱辛，由此也會產生一些波動的情緒，想要完全忘記也是不可能的，但是如果一個人總是要背著沉重的情緒和包袱過一種充滿焦躁、憤懣、後悔的生活，不僅對自己無益，還會白白浪費自己眼前的大好時光，也就相當於放棄了前途和未來。可以時常洗滌自己的心靈，讓心靈減壓，盡力去清除困擾你心靈的情緒殘渣，不要讓這些殘渣來控制你的情緒。

要是我們在洗滌心情的同時，再想想自己擁有過的幸福，這樣情緒會得到一個更好的鍛鍊。如果數數我們的幸福，我們就會發現，有絕大多數的事情自己做的還不錯，只有小部分的事情做得不好，這樣想就能突破心靈的禁錮，心情自然就會好起來。

通常人的不快樂情緒一般以兩種方式出現：第一就是害怕失去。在我們感到愉悅時，總希望時間能在瞬間停止，幸福的事情能長長久久，可是世界上的東西都不是永恆的，總有一天會失去，因此我們會感到不快樂。第二就是躲避。當我們感到痛苦時，不敢勇敢地去面對、去解決，總想擺脫這種心情，一般痛苦通常不會立刻消失，因此我們越想擺脫就越會感到不快樂。這時，如果我們能坦然面對困難、笑看風雨變遷，即便是在最困難的時刻，我們的心也會感到平和，心情自然也就會好了許多。

德山禪師是一位得道的高僧，他曾跟龍潭大師學習過，龍潭大師日復一日的要求德山誦經苦讀，時間久了德山就有些忍耐不住了。

終於有一天，他跑來問師父：「我就是師父翼下正在孵化的一隻小雞，真希望師父能從外面儘快的啄破蛋殼，讓我早一天破殼而出啊！」

「被別人剝開蛋殼而出來的小雞，沒有一個能活下來的。同樣的道理，你突破不了自我，最後只能胎死腹中，不要指望師父能給你什麼幫助。」龍潭大師笑著說。

德山失意的走出來，此時太陽已經落山了，他說：「師父，天太黑了。」

龍潭大師遞給他一支點燃的蠟燭，在他接過蠟燭的同時，龍潭大師又把蠟燭吹熄了，並且說：「如果你心頭一片黑暗，那麼什麼樣的蠟燭也無法將其照亮！即便我沒有吹熄蠟燭，也說不定會被哪陣風給吹滅。而只有你點亮了心燈一盞，天地就自然一片光明。」

德山聽後，茅塞頓開，透過自己的不懈努力終於成了一代大師。

其實，像德山大師開悟成佛一樣，只要學會清除情緒垃圾，就可以擁有快樂的心境。下意識的為心靈鬆綁，給心情做一個深呼吸，也就相當於德山大師點亮自己的心燈一樣。別人是無法點亮你心中的一盞燈的，而你的快樂也只能一直被情緒垃圾壓制住。快樂就像一塊被沙子包圍的金子，只要能把那些沙子清除掉，快樂就會像金子一樣閃閃發光。

另外，還要適當地做好情緒的轉化，這也是釋放心情的一種方式，可以把不好的情緒轉化成對自己有利的動力。每天早晨推開窗戶，對自己說：太陽每天都是新的，然後伸伸脖子、踢踢腿，滿懷信心開始新的一天；常常與人交流，擴大自己的信息量開闊眼界，可以倒掉情緒垃圾；多讀一些書，翻一翻你喜歡的雜誌，分散心思，改變心態，冷靜情緒，陶冶情操；多笑一些，笑是心理健康的潤滑劑，它有利於驅走煩惱，消除心理疲勞。

我們還可以從自然界尋找心靈的寄託，每每看到噴薄而出的朝陽，聽著清脆宛轉的鳥鳴，聞著沁人心脾的花香，心情不知不覺就會好了起來。我們何不去大自然鍛造情緒，去接受大自然的洗禮！

春天，讓我們去郊遊吧！不覺眼前出現了「幾處早鶯爭暖樹，誰家新燕啄春泥」的美景，鳥兒三三兩兩飛著，逗樂嬉戲，揮動著蓬鬆的翅膀，在濃密的枝葉間穿梭，啁啾的鳥鳴在耳邊不時的響起。我們的心情彷彿變成了五線譜，鳥兒們則是輕盈的小音符，在心中跳動，演奏出了一曲充滿生機的樂曲。在這樣的美景下，心情不禁豁然開朗。鍛造好心情，在春天的樂章裏。

夏天，讓我們去踏青吧！這時山水之間便是好心情的鍛造之處，那一灣清澈的湖水，彷彿把天融入了裏面似的，如一塊溫潤的碧玉，周圍散布著一個個小池塘，它們已被荷花覆蓋了，真是「接天蓮葉無窮碧，映日荷花別樣紅」，怎能不陶醉呢！多麼美麗的山水畫。人的心情一下子染成了彩色的，藍天的純淨，碧水的靈動，荷花的妖嬈，好心情佔據了整個心中。鍛造好心情，在夏天的圖畫裏。

秋天，讓我們去希望的田野上吧！秋天是收穫的季節、是金色的季節，在夕陽看著那漫天的金黃色讓心情彷彿也穿上了耀眼的黃衣裳，打心裏透著喜悅。鍛造好心情，在秋天的田野上。

冬天，讓我們去看雪吧！鵝毛般的大雪給大地披上了一層雪白色棉被，原本喧鬧的世界好像一下子靜了下來，似乎都能聽見大自然的聲音，到處都是一片萬物復甦的景象，冬天到了春天還會遠嗎？我們的心情也充滿著希望。鍛造好心情，在冬天的白雪中。

魚兒的好心情來自大海的胸懷，花兒的好心情來自大地的懷抱，我們的好心情來自大自然，把情緒帶到大自然中作一下深呼吸，感受一下快樂的味道。讓我們一起來鍛造好情緒，讓生活變得更美好吧！

# 善於調節情緒的人才會成功

列賓是一位著名的畫家，有一天他和朋友在雪地裏散步，突然他的朋友瞥見路邊有一大塊的汙跡，顯然這是狗留下來的屎跡。此時，他的朋友無比失落，抱怨環境不整潔，而他卻興奮地說：「多麼美麗的一片琥珀色啊！」

這個故事展現了列賓對待生活的一種樂觀的情緒、一種積極的心態。在人們的生活中，我們總是埋怨路上有太多的「狗屎」，不僅影響人家走路，更影響一個環境的整體美觀。這個時候，你不妨想想列賓的話，那其實是一片美麗的琥珀色。究竟怎麼看待它，就得看你當時的情緒了。

我們經常會聽到有人抱怨自己的學歷不好、自己的家庭條件不好、自己的工作不好，甚至有人會抱怨自己英雄無用武之地等等。他們只是看到了生活中不好的一面，如果這些人能換一個角度去看問題，就會發現生活其實真的很美好。自己的學校不好，說明自己的知識學得還不夠，在以後的生活工作中還要繼續學習；自己的家庭條件不好，正好能給自己一個鍛鍊的機會，並能在小時候養成一種好習慣—不隨意花錢；還有那些抱怨自己工作不好，薪資不高的，甚至抱怨自己英雄無用武之地的人，可以現在努力學習、充實自己，這樣以後可能會找到一份更好的工作。

抱怨、埋怨是人們經常會產生的一種情緒，當被老闆批評時，有人會想怎麼這麼倒楣，每次偷懶都被老闆看到，而有的人卻會想自己還有好多缺點，今天老闆指出的就是一個很明顯的缺點，自己一定要在以後的工作生活中勇於改正；在上班的路上，無緣無故被人撞了，有人會抱怨對方不長眼睛，而有的人會想說不定對方是有急事，一時不注意而已；公司破產了，有的人會想老天為什麼不長眼，自己苦心經營的事業就這樣沒了，甚至會想到去自盡來結束這種痛苦生活，而有的人則會想生活終於安靜了，一無所有了也就再也不怕再丟失了，而且透過努力我還可以東山再起的。

從不同的角度看問題可以看出兩個世界，這兩個世界的人情緒是完全不同，一個世界的人只看到了自己的付出和失去，而另一個世界的人看到的卻是生活所給予他們點點滴滴的快樂，在他們的眼中，失敗也是一種幸福，至少能幫助自己發現自己的缺點和不足。

美國有家鞋廠為了開發非洲的市場，派出兩名業務員前往考察當地的需求量。甲業務員考察回來，立刻晉升為主管；乙業務員考察回來，卻從此被冷落在一旁。為什麼一同去的兩個人回來之後待遇會如此不同呢？

原來，乙業務員到了非洲，當天就發了一封電報回公司報告。電報的內容是：「完了！一點希望也沒有，因為這裡的人都不穿鞋子。」

而甲業務員當天也發了一封電報回公司報告，電報的內容則是：「太好了！這裡真是商機無限，這裡的人都沒有鞋子穿！」

可見，不同的情緒、不同的看法會對同樣的事產生不同的結果。甲業務員敏銳的從當地人不穿鞋子而看到巨大的市場，樂觀的情緒使他積極地發揮自己的才智去創造機會。樂觀的情緒是動力的助長器，據醫學雜誌表明，樂觀的情緒可以刺激大腦前額葉的發達，而大腦前額葉的發達可以刺激人的思維運轉的更為迅速。**華盛頓說：「一切的和諧與平衡，健康與健美，成功與幸福，都是由樂觀與希望的向上心理產生與造成的。」**

一個人對生活的看法會決定他的一生，甚至能決定一個人的成敗，這個世界就像一個萬花筒，你怎麼去看，就會看到不同的樣子，就像不同情緒的人，會有不一樣的人生。

我們要善於發現自己的不足，讓性格和情緒更加完善。只有這樣，才能在事業中不斷前進，才能爬上人生的頂峰，實現自己的夢想。你可以毫不懷疑的相信，成功者其實就是善於調節情緒的人！

# 第三章　活在當下，要學會控制憤怒情緒

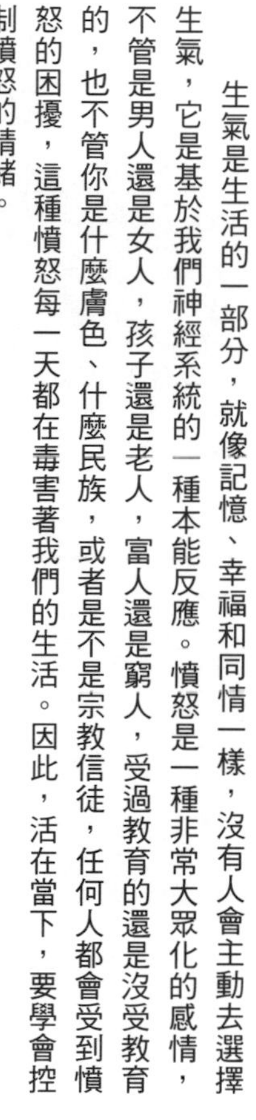

生氣是生活的一部分，就像記憶、幸福和同情一樣，沒有人會主動去選擇生氣，它是基於我們神經系統的一種本能反應。憤怒是一種非常大眾化的感情，不管是男人還是女人，孩子還是老人，富人還是窮人，受過教育的還是沒受教育的，也不管你是什麼膚色、什麼民族，或者是不是宗教信徒，任何人都會受到憤怒的困擾，這種憤怒每一天都在毒害著我們的生活。因此，活在當下，要學會控制憤怒的情緒。

# 憤怒是地獄之火

里德福德・威廉姆斯博士和其妻子維吉尼亞合著過《憤怒可以殺人》一書，這本書的書名對四十一歲英年早逝的德威恩來說成為了一種不幸的預言。十一年前，德威恩在工作中弄傷了背部，從那以後他就失去了工作並且一直承受著疼痛的折磨。他是個很愛生氣的人—因為受傷他生氣，因為背傷不癒他生氣，因為老闆不公平他生氣，因為家人和朋友不夠體貼他生氣，甚至還生上帝的氣，他覺得他這麼早就遭受這樣的不幸就是因為上帝。

德威恩大多數時間都在家裏待著，不回朋友的電話，為自己的不幸生活而鬱鬱寡歡，就這樣把自己封閉起來了。只要一問和他以前生活相關的事情（如：「你還和以前的同事們見面嗎？」），德威恩就馬上顯得很生氣。他的眼淚會突然湧出來，臉會扭曲著，尖叫著說：「不見了，去他們的！」

有一天，他正在街上走著，突然看見了他的一個「仇人」從以前的公司出來，結果他一下子就雙手抓著胸口且摔倒在地。他被救護車送到了當地的醫院，他告訴他的醫生說，他一看到那個人就火冒三丈，接著就感到胸口劇烈地疼痛，醫生判斷他是心臟病發作。

之後，這種情緒仍伴隨著德威恩，他四十一歲的時候第二次心臟病發作。在醫院裏，心臟病專家、心理醫生、牧師、他的兄弟和妻子圍在他身邊，給他下了「最後通牒」：別再這麼生氣了，不然你會死的，你的心臟再也承受不了這樣的刺激了。德威恩臉上又出現了那種習慣的表情，眼淚也流出來了，他回答說：「不！我寧願死也不能接受這一切，我無法做到不生氣。」他的這句話同時也預告了他的死亡。

三個星期後，當德威恩對著電話怒氣沖沖地大喊大叫的時候，他的心臟病第三次也是最後一次發作了。當他的妻子發現他時，他已死了，死的時候手裏還抓著電話筒。

憤怒和疲勞總是接踵而至，而且任何情感都是要耗費精力的。生氣時，身體需要能量來調動各個部位，使其擺出進攻的姿勢－心跳加速、血壓升高、全身的肌肉收縮。憤怒時你會感到異常興奮，你的腎上腺素分泌會增加，當你鬆弛下來時，你就會感到疲憊不堪。

如果我們每天都會憤怒，一天就要經歷幾次這種興奮然後疲憊的惡性循環。那你可以想像的出，你的精力會被這種不斷騷擾你的憤怒耗費多少！光想一想這種狀況就能讓人感覺累。

有項調查證明：不愛生氣的人中，有六七％的人每天早晨醒來時會感到精力充沛、頭腦清醒；而與此相對，那些經常生氣的人只有三三％有這樣的感覺。當被問到是否有過憤怒後疲憊不堪的感覺時，五六％不愛生氣的人回答說有，高達七八％的愛生氣的人說有。

有一次，史蒂夫安靜地坐在座位上等著拿藥，而他旁邊一位年紀較大的人卻等得焦躁不安，恨不能把藥劑師吃了。「你們這些人知道你們在幹什麼嗎？你們太沒有效率了。我不能因為你們工作沒做好就在這裡乾等！」那個人喋喋不休地說著。因為他坐在史蒂夫旁邊，所以史蒂夫就主動對他說：「你肯定感覺不很好，是不是感到很累？發這麼大的脾氣會把人累壞的。我很明白這種狀況，朋友，因為我以前也是這樣。可是，說真的，這麼做不值得，真不值得。」回家後，史蒂夫開玩笑地對妻子說：「你猜我今天遇到誰了？我遇到以前那個愛生氣的我了！」

人們的行動受到限制、願望不能實現、工作的失敗、權力被侵犯、勞累過度等時，就會產生憤怒的情緒。無論什麼原因產生憤怒，都會影響人的身體健康。正如《內經》所說：「喜怒不節則傷臟，臟傷則病起。」人由於憤怒，還會食慾降低、食而不化，經常這樣，消化系統的功能必將發生紊亂。

憤怒還可影響人體的腺體分泌。如正在哺乳的母親，由於發怒可使乳汁分泌減少或使其成分發生改變，這對嬰兒是十分不利的；又如人在受了委屈、侮辱而發怒時，淚腺分泌增強，泣不成聲。再如，隨著憤怒的程度和時間增加，唾液可由增加而變得枯竭。比如有的人在爭吵開始時唾沫星子飛濺，逐漸就變得口乾舌燥，吵嚷聲隨之也慢慢消失了。此時，人的唾液成分會發生改變，即使是吃平時最喜歡吃的東西也會覺得食之無味。

總之，憤怒好比一把地獄之火，我們要消滅情緒的憤怒之火，控制憤怒情緒！

# 憤怒的人總會打敗自己

在生活和工作中，每個人總會因為一些事情而憤怒，但在憤怒過後，事情大多不會改變或發生轉機。這樣，無遺把自己逼到了牆角，沒有退路可言。

其實，生氣是拿別人的錯誤來懲罰自己。人要是發脾氣就等於在人進步的階梯上倒退了一步，如果人們只知道生氣、憤怒，這樣和最原始的人類有什麼區別呢？

生氣對身體有百害而無一益，「怒傷肝」這一說法還是有一定的道理的。許多學者還從理性上指出憤怒的危害性，古希臘哲學家畢達哥拉斯認為：人在盛怒下常常會做出不理性的行為，他說：「憤怒從愚蠢開始，以後悔告終。」培根則告誡說：「無論你怎麼的表示憤怒，都不要做出任何無法挽回的事來。」在現實生活中，一時憤怒，釀成大錯或大禍的事，絕非少見。

我們不否認，人們的憤怒都是事出有因的，但是人有理性、有思維，我們不能僅受感性的支配，而要受理性的控制。要想維護自己的正當利益，僅採取憤怒一種反應方式是不夠的，而應該經由理性思維去找出更好的應對策略。比如，人被石頭絆倒，通常不會對石頭發脾氣，那麼我們何不把那些傷害或觸犯自己的人當作「石頭」，這樣才會心平氣和，我們只要以後盡量避開「石頭」，即使遇到「石頭」也別耽誤行程。

蘇格拉底是一位希臘的大哲學家，有一天和老朋友在雅典城裏一邊散步一邊愉快地聊天。忽然有位憤世嫉俗的青年出現，用棍子打了他一下就跑走了。他的朋友看見了，立刻回頭要找那個傢伙算帳。但是蘇格拉底拉住他，不讓他去追，朋友奇怪地問道：「難道你怕這個人嗎？」

「不，我絕不是怕他。」蘇格拉底說。

「那麼為什麼人家打你，你不還手？」

此時，蘇格拉底笑著說：「老朋友，你糊塗了，難道一頭驢子踢你一腳，你也要踢牠一腳嗎？」他的朋友點點頭，就不再說什麼了。

一個人的涵養來自於他的修養，一個高尚有修養的人稍有委屈時，絕不會想到報復。每個人都有自己的優點和缺點，過分苛求別人的完美是不應該的。「水至清則無魚，人至察則無徒」，說的就是這個道理。寬容別人的缺點，常常會得到意想不到的效果，而只知一味的憤怒，最終打敗的還是自己。西方民間有個流行的方法可以控制憤怒：人憤怒時便心裏默數數字，小怒從一數到十，大怒則數到百以至千，數完後再採取行動。

從前，有個人在一夜之間突然富有了起來，但是他卻不知道要如何來處理這些錢。他向一位和尚訴苦，這位和尚便開導他說：「你一向貧窮，沒有智慧，現在有了錢，不貧窮了，可是依然沒有智慧。近來城內信佛的人很多，有大智慧的人也不少，你出千把兩銀子，別人就會教你智慧之法。」那人便去城裏，逢人就問哪裡有智慧可買。有位僧人告訴他：「你倘若遇到疑難的事，且不要急著處理，或先朝前走七步，然後再後退七步，這樣進退三次，智慧便來了。」那人半信半疑的離開了。

當天夜晚回到家，昏暗中發現妻子與人同眠，頓時怒起，拔出刀來便想砍去。這時，他突然想起白天買來的智慧，心想：「何不試試？」於是，他前進七步，後退七步各三次，然後點亮了燈光再看時，發現妻子是與自己的母親同眠。還好他有幸買了智慧，避免了一場殺母大禍。

只有學會控制憤怒才能增添了自己成功的籌碼，而持續憤怒只會淹沒了快樂與成功。請大家牢牢記住：憤怒的人總會打敗自己。

## 留意憤怒的信號

我們要留意憤怒的跡象，要對自己快要憤怒的反應和感覺敏感。當你憤怒的時候，你的手是不是在不知不覺中握成了拳頭？你開始在房間裏不停的走來走去？嘴裏不停念叨、詛咒或者緊咬牙關？其實，我們可以平息即將到來的怒氣，只要能夠靈敏地察覺到自己快要生氣時的種種現象。

俗話說得好：「當斷不斷，必受其患。」同樣，當生氣時，得立即採取措施。而對於生氣的人來說，「當斷不斷」就可能意味著情緒失控和爭吵與衝突。當我們發現快要生氣的信號時，何不「從一數到十」，這樣也許就能漸漸平息你心中的怒火。

然而，九〇%的人在快要生氣時並沒有立即採取措施，這樣很快就會發展到暴怒。有人認為我們應該聽任憤怒讓情感自然而然地發展，這是一種錯誤的想法，而且是一種很危險的錯誤想法。越早控制住自己的憤怒才是正確的做法。

下面是一位心理專家和一位諮詢者的談話：

專家：這個週末，你和你的女朋友之間發生了什麼事情？

顧客：其實也沒有什麼。我們本來為這個週末做了一些計畫，但她沒有告訴我就更改了計畫，這讓我很不高興。

專家：如果把生氣的程度分為十個等級，當你聽說她改變主意時，你到底有多不高興？

顧客：我想應該有四級吧。

專家：很好，但實際上，如果是四級，那你就不是不高興，而是生氣，或者說憤怒了。我把四到六級稱為憤怒，而一到三級才是不高興。你有沒有告訴你的女朋友你很生氣？

顧客：沒有，怒火被我藏在了心裏，我經常這樣。

專家：然後發生了什麼？

顧客：我們一起出去吃飯，但等了半天飯菜還沒有上來，而這期間我心裏的火氣越來越大。

專家：那時，你有幾級憤怒？

顧客：六級或者七級吧。

專家：二者的情況是不一樣的，六級意味著你非常憤怒，但七級表明你的憤怒是暴怒，雖然是輕度的暴怒，但仍然是暴怒。

顧客：我想應該是六級吧。

專家：那時，你離暴怒只有一步之遙了，你採取了什麼措施？

顧客：沒有，我只是讓自己平靜下來，然後和我女友一起出發去看棒球比賽。接著我們就在車裏吵了起來，當時我非常生氣，不知道到底是什麼惹惱了我。我憤怒地將一拳打在汽車的冷氣出風口上，就把它打裂了。

專家：那時你有多生氣呢？

顧客：肯定有九或者十級。

如果顧客剛剛感覺不高興的時候就大膽地說出來，告訴女友不要不和他商量就改變計畫，讓他覺得很不受尊重。但是他並沒有注意到這些憤怒的信號，所以導致了這樣的結果。

最輕微的一種憤怒就是「不悅」，它和暴怒處在憤怒的等級序列的兩極。一般情況下，你不必為管理這種形式的憤怒而操心。

某權威的心理機構曾做過調查：差不多有一半的人每星期都會有不悅的經歷。不悅要比憤怒更加常見，不悅不如憤怒那麼強烈，容易自動消失，人們一般也會更快地從不悅中恢復過來。

總之，如果僅僅感到不悅，一般不是什麼問題，但前提是這種感覺不會往下發展。

那麼，怎樣才能做到呢？我們不妨嘗試這樣去做：

用正確的眼光對待問題，不要把情況想得過分嚴重。比如在開車時有一輛車突然插到了你的前面，要記住這只是讓你不悅的小事，而不是世界末日。

不要把問題個人化。那個司機並沒有意識到給你帶來的不悅，也許他也有不順心的事，因此想發洩出來，但這絕對不是針對你本人。

不要只想著指責別人，而不從別人的角度看問題。一旦你開始指責另外一個人，就很容易使你的不悅升級。所以，讓事情就這麼過去吧，別再去追究。

不要老想著報復。把某事歸罪於某人後，下一步往往就是報復。與其這樣，不如想想讓自己開心的事，讓心情舒展開來。

往後，我們再遇到不開心的事，要去想該怎樣做才能不讓這種不悅升級為憤怒呢？也許你可以播放自己喜歡的音樂，或者收聽自己喜歡的電台節目，特別是一些輕鬆愉快的節目，也許一些其他的方法對你更有效。

不要讓負面情緒放大你的憤怒，這樣只會讓你變得怒不可遏。告訴自己：我不會因為這種讓人不悅的情況使我的壞心情雪上加霜。我們還可以問自己：如果我心情不這樣糟糕，遇到這種情況我會怎樣做？然後照著所想的去做，相信怒火必被熄滅。

留意憤怒，關注憤怒，化解憤怒，才能造就一種快樂，一種幸福。

有人說：只要你生氣，就表明你遇到了麻煩，出現了問題；而有人說：只要憤怒事出有因，就不是什麼問題。

斯坦先生和妻子曾向心理醫生求助：他的妻子希望他變得善於表達自己的情感，以便使他們的婚姻關係更親密。不久之後，斯坦先生開始善於表達，但他把多年來壓在心裏的各式各樣的情感全都表達出來。他的妻子告訴醫生，她對斯坦的治療情況非常不滿意（可以理解為憤怒）。她說：「他現在一天到晚的說我讓他多麼生氣，我簡直煩透了。」

心理醫生反問說：「但是，妳不是想讓他變得感情更外露一些嗎？」

「我是這樣說過，但我不想一天到晚聽他說他有多生氣，我想聽的是一些正面的情感。他可以把他的憤怒留在他自己心裏，因為那是他自己的問題。」她接著說。

心理醫生開導他們說：「其實，斯坦先生現在仍然不善於表達自己的情感，他無法控制自己的感覺，特別是在憤怒的初期時，不知道如何控制而導致最後的大怒，你們應該努力去發現憤怒的信號，一起來克服這個難題。」

在心理醫生和妻子的幫助下，最後斯坦先生再也不會輕易的生氣了。

我們要善於捕捉憤怒的信號，這樣更有助於控制自己的情緒，也更容易走向成功。

遠離憤怒，相信每一天的生活都是美麗的。

# 冷處理，不要馬上回應

歲月似無邊無涯的急流，人生就如其中漂泊的一條小船，難免碰撞，憤怒就像是其中的暗礁，無法迴避。當我們憤怒時坦然面對，不要馬上回應，這樣才是避免憤怒的佳徑。

暫時走開可以使生氣的人平靜下來，但具有很強侵略性和好鬥個性的人，傾向於對任何刺激都做出對抗性反應，而不是擺脫和走開，他們這樣的性格必將導致最終的失敗。

人們一般不會因為水龍頭漏水、汽車發動不起來而發火，但卻總是和人生氣。大多數憤怒都是發生在人與人之間，一個人首先發難之後就會形成一種情感刺激並引起爭執。關鍵是：誰先停下來？讓誰說最後一句話？

當你生氣時，何不做出這樣的決定：讓對方說最後一句話，而且越早越好。這樣，原本一發不可收拾的局面就會終止了。

下面是一對父子間的兩種對話過程，首先看第一種對話：

父親：你先把你的房間收拾乾淨再吃飯。
兒子：我正忙著呢。
父親：（不悅）我說了，我要你把房間收拾乾淨。
兒子：（生氣）你別管我。
父親：（生氣）你少跟我這麼說話。現在就收拾你的房間，馬上！
兒子：（暴怒之下把書扔了過去）我說了，你別待在我房間裏！
父親：（非常生氣）你敢對我扔東西！現在你馬上給我收拾，不然等著瞧。
下面是第二種對話：
父親：吃飯前你先把你的房間收拾乾淨。
兒子：（不悅）我正忙著呢。
父親：（不悅）是的，我看見了，但是我要你先收拾房間。
兒子：（生氣）你別管我。
父親：（不悅但沒有發火）好吧。但是你要收拾房間。
兒子：（生氣）我想收拾的時候會收拾的。
人們在發生爭執時，都想讓自己說的話成為最後一句，卻看不到事情正變得不可收拾。要管理憤怒首先是對生氣的過程進行控制，而不是怎樣處理憤怒失控造成的嚴重後果。如果你能做到讓對方說最後一句話，這樣就會緩和爭執，不至於產生更糟的結果。

如果你無法控制自己一定要說最後一句，那麼說話時盡量不含敵意。在這種場合，我們不妨說：「你愛怎麼想就怎麼想。」或者「你愛怎麼說就怎麼說吧。」然後就起身離開，這樣，爭執就會停止了。所以，面對憤怒，選擇冷處理是有利於問題的解決的。

大多數人在受到激怒後都會不假思索地做出憤怒的反應，這種反應是一種本能，而且其表現方式往往都是一樣的—面露不悅，大聲叫嚷，奚落對方，揮手打人或砸東西，或者跺著腳生氣地走開。如果你產生了這種情緒，那麼你就失去冷靜了。

失去冷靜是很容易的，但時時刻刻都能保持冷靜卻是很難的。從根本上說，保持冷靜就是在憤怒控制住你之前控制住憤怒，也就是有意識地控制情感進而不是讓其隨心所欲地發展。

採取冷處理，意味著要控制憤怒的強度和持續的時間。如果你總想對付那些引起你憤怒的人或者事物，那你就無法管理好自己的憤怒。只有採取自我控制，放棄不滿和委屈，這樣才能做到冷處理，管理好憤怒。

艾迪是一名普通的公司員工，但他經常愛發脾氣。他的老闆明確地告訴他，如果艾迪再發脾氣他就將被解雇。同時，老闆還讓艾迪找專家進行憤怒管理的輔導。艾迪很擔心被解雇，於是找了一位憤怒管理的專家。

其實，艾迪基本不信憤怒管理的效果，但是他還是願意試一試。專家建議的策略是面對憤怒時做冷處理，不要立即回應。一個星期後，他又來到了專家的診所，一見到專家就興奮的說：「你留住了我的工作！今天早晨我的老闆對我發火，我當時的第一反應就是馬上進行還擊，但我想起你說過該怎樣應對憤怒—我的憤怒和他的憤怒，然後我就用和以往完全不同的方式處理了這件事。等老闆也冷靜了下來時，還為自己的發火向我道歉，並說不解雇我了。」

生氣時產生衝動的反應可能是你從小到大的習慣，雖然很難改掉這個毛病，但也不要灰心。這種困難可能是由於過去反覆發生的情況，而在你身上形成了一種反射，使你成為一個愛衝動的人，也可能是你生來就有的衝動個性的展現。不管怎樣，只有改正愛衝動的性格，才能管理好自己的情緒。

克里茲是一個動不動就愛發火的人，他的憤怒從不積聚在心裏，他是屬於那種「一觸即怒」的類型。

當他還是個孩子的時候，他的母親就常常告誡他說：「如果別人推了你一把，你只需要走開就行了。」這是個很好的建議，但是當時他根本做不到，現在他三十一歲了，仍然做不到這一點，因而至今，他在事業上仍未取得過任何成功。現代社會，因為不會冷靜處理憤怒而導致失敗的人比比皆是，而那些會冷靜處理憤怒的人永遠都能站在事業的頂峰。所以，讓我們一起養成冷處理憤怒的好習慣，這必將使我們一生受益。

# 明白溝通的真正目的

什麼是溝通，簡單的說就是人與人之間交流觀點和看法，尋求共識，消除隔閡，謀求一致。在現實生活中，溝通具有一定的目的性。主動溝通的人，一般都帶有目的性，是為了達到自己的目的才進行溝通的。比如，為了讓別人幫助自己達到某種願望；讓對方接受你的意見；讓對方服從你的領導；讓對方感覺你是關心他等等。然而，溝通的真正目的在於達成共識找到解決問題的方法，化解分歧，消除憤怒。

在公司裏，老闆和員工難免會產生摩擦和誤會。作為員工當面也不能和老闆起衝突，一直悶在心裏就會有心事，就會產生一種想找人談談的「傾訴慾望」。如果「傾訴慾望」得不到滿足，就會轉化為一種不滿情緒。如果不及時釋放不滿情緒，就會升級為強烈的不滿，最終可能會引起一些事端。

其實，員工會對公司及其老闆產生一些不滿情緒是很正常的。一方面是因為老闆是管理者，面對的是眾多的員工、客戶，以及複雜的社會和上級機關的眾多部門，接觸聯繫廣泛，工作千頭萬緒，容易浮動焦躁，工作中出現偏差在所難免；另一方面是因為員工工作任務繁重，資訊輸入量相對單一，大多只和自己的業務方面接觸較多，思考問題常從自己的角度出發，也難免出現偏頗。

但是，好的老闆應善於發現員工的不滿。比如，當有員工表情嚴肅不愛理人時；當有員工工作消極背後嘀咕時；當有員工直接找你理論時。此時，你應該善於自我反省，發現自己的不足。好的老闆應善於及時與員工溝通，化解員工的不良情緒。溝通時的態度應是誠懇的，並從找出他不滿的原因，或者能幫助員工分析之所以產生不滿情緒的原因。如屬於自己的問題，要放得下架子主動作自我批評，並誠懇地分析自己錯誤的主客觀原因，求得員工諒解。如屬於員工認識上有問題，要客觀公正的加以分析和解釋，千萬不要簡單粗暴的批評、責怪、諷刺、挖苦員工。如果員工一時還不能體會你的用意，也要切忌焦躁，多從員工的角度去思考問題。

總之，好的老闆應該經常和員工溝通，瞭解員工的需求，化解員工的不滿，這樣才能建立良好的公司氣氛。

在醫院，患者與護理人員接觸頻繁，長期下來，難免會有摩擦、爭執。若護理人員能與患者冷靜的溝通，便能緩解僵持的局面。當患者憤怒時，護理人員千萬不能以憤怒回報，應懂得溝通，可以這樣安慰患者：「您先別生氣，我相信會有好的解決方法的，生氣不利於您身體的康復！」待對方心平氣和後，再討論問題所在，分析患者生氣的原因，消除其中的誤會，並採取有效措施，在不違反原則的前提下，盡量使患者滿意。經過一番溝通後，如果患者覺得自己也有不對的地方，則也不會介意此事。與人溝通，抵制憤怒情緒是心理學中控制情緒的一種有效的方法。

當交通事故發生時，總是會引起一方當事人產生不愉快的情緒。在這種不愉快情緒支配下，難免會說出一些指責的話，如果對方難以接受，雙方便會產生衝突，從而引起更激烈的情緒反應，最終導致暴怒，引發命案。此時，如果我們能控制情緒去溝通解決問題，就能避免命案的發生。

有一天，王女士開車在路口等紅燈時，低頭找東西，不小心造成車輛滑動。後面車輛的司機見狀，一個勁的猛按喇叭來提醒王女士，等王女士反應過來時，其所駕駛的車輛已經與後車的保險桿貼到了一起。王女士立即下車並主動向對方司機道歉，對方司機笑了笑提醒她以後開車要注意，這樣，一場可能發生的衝突就在相互的溝通中消除了。

人與人之間只有學會溝通，才能相互理解；產生矛盾時，責任一方何不主動讓一步，承認錯誤，這樣就能在溝通中融化憤怒！

# 偶爾也「閉」上你的耳朵

當我們匆匆忙忙去上班，擠公車時跟人吵了起來，上午又被主管訓斥了一頓，心情糟透了，整個下午什麼事都懶得去做，筋疲力盡地回到家，此時妻子又在抱怨你。於是這一天就在煩躁中結束了……此時，我們有沒有想過為什麼所有的人都與你過不去呢？為什麼壞事總能讓你碰上呢？為什麼你總感到生活很難、壓力很大？我們無法改變別人的做法，但是可以學習如何在心理上自我保護。

當我們快要發火時，其實最好的策略是採取迴避，不接觸導引發火的外部刺激，即爭取做到耳不聽心不煩。當人們陷入心理困境時，大腦裏往往會形成一個較強的興奮灶。迴避了相應的外部刺激，可以使這個興奮灶讓給其他刺激，引起新的興奮灶。興奮中心轉移了，也就擺脫了心理困境。「耳不聽心不煩」，正說的是這一道理。因此，在體驗到某一心理困境時，就該主動迴避，不在導致心理困境的時空中久久駐足。比如，當你和家人產生衝突，使你「勃然怒起」時，不如趕緊出去走走，離開「是非之地」，這可以稱為客觀迴避法。

此外，還有主觀迴避法。即透過主觀努力來強化人本能的潛抑機制，故意不聽、不理睬消極悲觀的資訊，在主觀上實現注意中心的轉移。注意力轉移是最簡單易行的一種主觀迴避方法。

老王是一個肝火旺盛，經常和家人發脾氣的人。朋友勸他說：「不妨裝聾，圖個耳清心靜，既有益於身心保健，又不傷家人和氣，笑口常開，當為上策。」聽了朋友的勸告，此後，老王就慢慢「聾」了起來。

有一天，他聽見媳婦在廚房小聲嘀咕：「公公在家連開水都沒煮」，要是以前，他肯定會點火就著，但這次老王裝聾打岔說：「昨天還在發燒，怎麼不去醫院看看？有病千萬別拖著。」媳婦見公公在關心她，便羞愧的笑了笑。就這樣，一場家庭紛爭就被緩和了。

每個人都會遇到不開心的事情，當聽到一些不中聽的話時，千萬別豎起耳朵，瞪大眼珠子跟人鬧彆扭。鬧彆扭是跟自己過不去，這樣你只會氣得頭昏腦脹，不僅危害了自己的身心健康，與對方的隔閡還會越來越大。此時不妨採取消極的主、客觀迴避，出去走走或找朋友聊聊心事，等到心情平靜後再處理這些事情，這樣會事半功倍的。像老王這樣的裝聾不僅可以平息家庭糾紛，而且能調節家庭的氣氛，其樂融融。

瑪麗是一位美國最高法院的大法官，之前在她與男友婚禮的當天早上，瑪麗在樓上做最後的準備。

母親走上樓來，然後認真的看著瑪麗說：「妳必須記住，每一段美好的婚姻裏，都有些話語值得充耳不聞，這是一個妳以後一定用得著的忠告。」接著，她把一對軟膠質耳塞放在瑪麗的手上。

此時的瑪麗十分困惑，更不明白在這個時候，母親拿一對耳塞到她手裏究竟是什麼意思。但婚後，她與丈夫第一次爭執時便體會了老人家的苦心。

瑪麗說：「母親是用她一生的經歷與經驗告訴我，人在生氣或衝動的時候，難免會說出一些未經考慮的話。而此時，最佳的應對之道就是不要回嘴反擊，最好做到充耳不聞。」

對瑪麗而言，這句話對她的事業也產生了重要影響，因而順利的成為了一位大法官。

其實這句話對我們每一個人都適用，在家裏我們可用這個方法化解夫妻之間尖銳的指責，維護自己的婚姻生活。在公司裏，可用這個方法淡化同事過激的抱怨，優化自己的工作環境。我們還得時常告誡自己，憤怒、怨憎、嫉妒與自虐都是無意義的，每一個人都有可能在某個時候會說一些傷人或消極的話，而此時，不如讓我們暫時關閉自己的耳朵。

# 替別人想想，就不容易生氣

小王一家三口搬進新居的兩個月後，樓上的鄰居也搬進來了。但問題隨之而來：他們家的冷氣機的水正好滴在他家遮雨棚上，滴水聲讓他們難以入眠。

樓上冷氣一開，小王家就沒法安生了，滴水聲讓他看書不入腦，寫作難靜心，夢中常驚醒；小王妻子則近期常失眠，半夜醒來，聽到滴水聲，往往睜眼到天亮；兒子住在另一間房，也深受其害。因而他們決定商量對策，該怎麼處理這件事，小王一家三口為此討論了整整一個上午。

妻子說：「我現在就上樓去找他們理論：你們家的冷氣機嚴重地干擾了我家的正常生活，限你們三天之內加以改正。不然的話，我找相關部門告你！」妻子在稅務局工作，一開口就很衝。

「別！別！別！妳這種態度去和人家理論，八成會越弄越僵，這不是上策！」小王擺擺手說。

兒子也氣憤的說：「依我看，不如用棍子把他們的冷氣機捅下來，你不讓我安生，我也不讓你舒服！」「你如果這樣，對方還不和你打起來？」小王制止。

兒子揮動著拳頭說：「怕什麼！我是體專的，若是論打架，他們一家子也不是我的對手！」

「你冷靜點好不好，用武力解決不了問題的！」小王搖了搖頭。

此時，正好有人按電鈴。

小王打開門，只見住在樓下的李先生手中拿著一根三公尺長的塑膠管站在門外，微笑說：「我們是老鄰居了，我有件事情請您幫忙。」小王忙回報一個甜甜的微笑說：「有事請講。」「是這樣，我夫人心臟不太好，近來常失眠。自從您家開了冷氣後，那水滴落在我家遮雨棚上，聲音比較大，讓我夫人常常半夜睡不著。所以，我特地買了塑膠管，想勞駕您把冷氣機的排水管道加長一些。這樣，水就不會滴在我家遮雨棚上了。不好意思，為此打擾您，我們深感不安！」李先生一邊說，一邊陪笑臉。

小王聽到這裡反而不好意思的說：「真對不起，這事都怪我沒考慮周全，我馬上就去把滴水管加長。至於塑膠管嘛，我們家有。」「別客氣，就用這根吧，省得您去買。」李先生硬將塑膠管塞到小王的手中，說完，李先生便下樓了。

關上門後，妻子笑著說：「人家李先生就是不一樣，看來他已經告訴我們解決問題的辦法了！」

小王也慚愧的說：「許多時候，我們不如多替別人想想，這樣就不會生氣，也更容易把問題解決好。」的確，就像小王說得一樣，多替別人想想，就不容易生氣。

替別人著想是一種美德，是解決問題的首要途徑。換個角度來講，替別人著想，就等於釋放了自己，改善了自己的心境，使自己不容易生氣。當我們發自內心的替別人著想時，同時自己心裏的煩惱也能得到解脫和排遣。

在日常生活中，我們會遇到各式各樣的事情，如果我們遇到不合自己心意，或不順心的事情時就發脾氣，這樣就很容易不分清紅皂白地指責人家，把自己的快樂建立在別人的痛苦上，來排遣自己心中的不滿。

在這裡，我想問那些經常生氣的人一個問題：在你的憤怒之後，有沒有仔細想過，你這樣的行為、作法正確嗎？有沒有替人家想過，你的這種行為給別人造成了什麼？其實每個人都是有脾氣的，但為什麼有的人就能冷靜處理憤怒，為什麼你就不行呢？雖然發脾氣是你的一時之氣，是你的意氣用事，在這個基礎上，你有想過事情的原委錯誤究竟發生在哪裡。你這樣盲目地指責他人，當然對你有所瞭解能容忍你的所作所為，但不瞭解的，別人會怎麼想，即使他們嘴上不說，但心裏還是會記住這件事的，也許你們之後的關係就會有點兒生疏了。

其實，有時候人的脾氣就好比一碗滿滿的水一樣，當有事情影響自己的情緒時，脾氣稍不留神就會溢出來。所以要學會忍耐那些不好的情緒，但人的忍耐力是有一定限度的，在自己一時的氣憤之下是很難控制自己的情緒。當遇到這種情況時，我們不如事先自己思考一下整件事的來龍去脈，想清楚後情緒就會好多了。

有位哲學家曾這樣說過：「替人著想好比是一種心理解脫，體諒別人的同時，也使自己得到解脫。」這個道理很簡單，給予他人快樂也就是給自己快樂。所以，我們每一個人都要用一顆平常心去對待每一件事情。得罪一個人容易，但與一個人結識有時比登天還難。如果要想結識更多的朋友，就必須要懂得控制自己，用寬大的胸懷去體諒別人，為他人著想。

我們要想擺脫不良的心境，就必須時常為別人著想，這是一種最有效的心理良藥。所以，當工作中遇到不順心的事，在還沒有瞭解事情原委之前，要好好想一想，為了不使陷入煩惱中或是給他人帶來不悅，你不妨先試想一下，為對方找個能得到自己體諒的理由。當我們陷入不良的情緒之中時，不妨先找幾個可以讓自己平穩心情的理由說服自己，然後再多從別人的角度思考問題，這樣你的心情一定會好很多，做起事來也就更輕鬆了，並且不覺得吃力。

從心理上講，幸福與快樂就在自己的心中，幸福和快樂關鍵在於自己，在於自己對人對事的態度。替人著想是一種內心的愉悅體驗，是獲得幸福快樂的最低成本途徑，我們又何樂而不為呢？

## 遠離衝動，抑制憤怒

憤怒的情緒往往會挑撥起衝動，而衝動的結果將會使人更加憤怒，如此這樣會形成惡性循環，一發不可收拾。遠離衝動，抑制憤怒，才能駛向開心的彼岸。

歷史上有很多例子，可以證明不理智和衝動會為之後的戰爭埋下禍患。

英國人在大不列顛戰爭中，巧妙利用了心理戰術，轟炸了柏林。因此，希特勒把攻擊的對象從天空轉移到陸地，對各大城市進行濫轟濫炸，而訓練有素的英國人沒有遭到很大的損失，反而利用這一契機重新更新了雷達系統。德國人的衝動剛好減輕了英國機場的壓力，使其有喘息的機會，這暴露出希特勒暴躁的性格，英國人打亂其心，利用憤怒來使他跳進英國人的陷阱。而如果希特勒遠離衝動，抵制憤怒則一定會打勝這場戰爭的。

人們憤怒時就像是在喝酒一樣，一旦喝了第一杯，就會一杯接著一杯的喝下去，越喝越醉，易怒的人一旦陷入憤怒的情緒裏就很難自拔了。

其實，憤怒是一種最具破壞性的情緒，它給人帶來的負面影響可能遠遠大於我們的想像，會給我們的生活帶來深遠的影響。

人們一般都是因為自己的尊嚴或切身利益受到傷害時而生氣，並且很難一下子冷靜下來，所以當你察覺到自己的情緒非常激動，控制不住時，可以及時轉移注意力等方法來自我放鬆，鼓勵自己克制衝動的情緒。

那麼，怎樣才能平息心中的火氣呢？有一種理論認為：把火氣發洩一通，將會使你的感覺好受一些。但是，心理學家們卻認為，這是一種最糟糕的做法，而且根本就行不通。他們為此向人們提出了一種名為「重新判斷」的方法，即自覺的從一種比較積極的角度去看待他人對你的「冒犯」。比如，當你遇到有人超車時，你能對自己說：「這個人大概有什麼急事吧。」或者說：「也許我的車開得的確太慢了。」那麼，你就不至於會發火了。事實證明，「重新判斷」的確是一種極為有效的控制不良情緒方法，能控制許多即將暴發的憤怒。

還有，空間距離的調整也不失為一個好方法，所謂空間距離法，就是在適當的時候學會「離開」。當我們對一件事或一個人忽然感到氣憤而可能失去控制時，應該馬上離去，就像俗話說的：「眼不見，心不煩」一樣。比如，你到商店去買東西，遇到售貨小姐愛理不理的態度，會漸漸的憤怒起來。這時，你最好不理睬她，離開這家店去另一家商店，這樣受損失的反而會是她。

我們還可以想像自己的嘴上貼了一個「密封膠帶」，反覆告訴自己當發怒的時候，千萬別立刻發洩，否則就會「傷」了自己。

製作標誌物提醒自己也不失為控制憤怒的一個好方法。比如，林則徐在堂上掛上「制怒」的字匾。這樣在他怒氣將發未發時，看到這兩個字就能及時控制住了自己。雖然我們不能掛匾，但可以寫座右銘或請旁人提醒自己，在怒火將燃時就撲滅它。

還有一個息怒的良方是「坐下來」。人坐著的時候，血液循環和新陳代謝的頻率，都不如站著的時候。實驗表明，一個人在情緒激動時，血液中腎上腺素的含量明顯增高，這種血液成分會大大加快血液循環，使人活力倍增。於是，他就不甘於座位空間的限制。而當一個人全方位地舒展他的軀體和四肢以後，隨著活動空間的大幅度擴展，他的血液循環又進一步得到加速的刺激，從而使爭吵時所需要的生理能量獲得階段性的能量供應。發脾氣在生理上依賴於一定的能量供應，如果我們能抑制自己生氣能量的供應，憤怒的程度與幅度也會隨之下降。

心理學家認為憤怒是人的弱點，而不是很多人認為的一種勇氣。大膽和勇敢，不是動輒發怒，而是強壯和保持沉默。

講完招術後，我們再講一個具體事例：

在美國，有一位石油公司的高級主管做出了一個錯誤決策，使該公司一下子損失二百多萬美元。當時這家公司的老闆正是大名鼎鼎的洛克菲勒。公司損失後，主管人員唯恐洛克菲勒先生將怒氣發洩到自己頭上，因此設法避開他。

愛德華・貝德福德這家公司的合夥人，有一天他走進洛克菲勒辦公室，發現這位石油帝國老闆正伏在桌子上在一張紙上寫著。

「哦，是你？貝德福德先生。」洛克菲勒說，「我想你已經知道我們的損失了。我考慮了很多，但在叫那個人來討論這件事之前，我做了一些筆記。」

原來，那張紙上羅列著某個人一長串的優點，其中提到他曾三次幫助公司做出正確的決定，為公司贏得的利潤比這次的損失要多得多。

之後，貝德福德感慨的說：「我永遠忘不了洛克菲勒面對處理這件事情的態度。以後這些年，每當我克制不住自己，想要對某人發火時，就強迫自己坐下來，拿出紙和筆，寫出某人的優點。每當我完成這個清單時，自己的火氣也就消了，因此能理智地看待問題。後來這種做法成為了我工作中的習慣，好多次它都制止了我的怒火，如果我不顧後果的去發火，那會使我要付出慘重的代價。」最後還有一點，就是在我們控制住衝動的情緒後，還要重新思考，努力打開心結，為什麼會有衝動的情緒，為什麼自己不能從一開始就看開點，為什麼不能很好的控制情緒，這樣才能從源頭來遏制憤怒。

# 第四章　正視現實，生活不要有不滿情緒

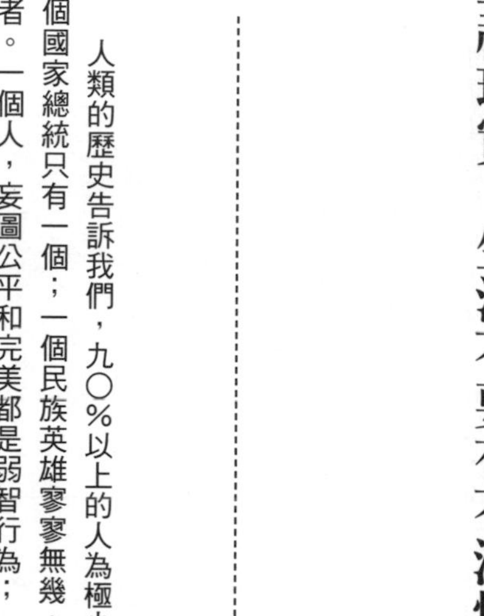

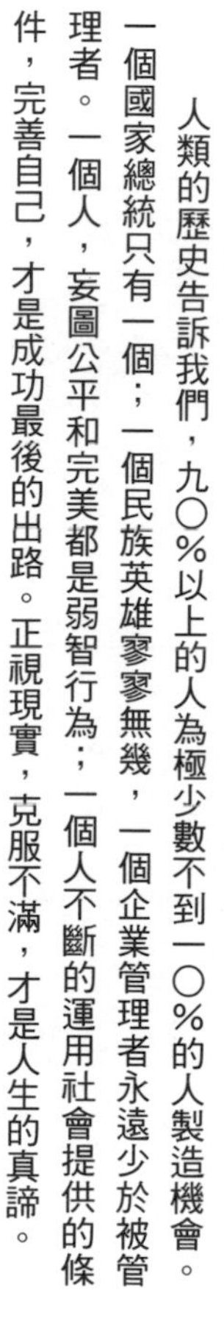

人類的歷史告訴我們，九〇%以上的人為極少數不到一〇%的人製造機會。一個國家總統只有一個；一個民族英雄寥寥無幾，一個企業管理者永遠少於被管理者。一個人，妄圖公平和完美都是弱智行為；一個人不斷的運用社會提供的條件，完善自己，才是成功最後的出路。正視現實，克服不滿，才是人生的真諦。

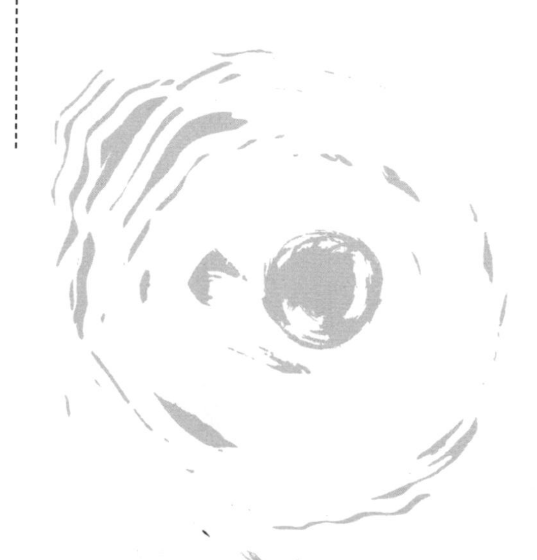

# 殘缺也是美

古人云：「人有悲歡離合，月有陰晴圓缺。」那一彎殘月，雖沒有圓月那樣令人神往、讚嘆，但它卻在漆黑的夜裏，悄然的為行人竭盡全力用自己微弱的光照亮泥濘的小路，這難道不是一種殘缺的美嗎？

人人都渴望美，但往往追求的是一種理想化的美—完美。人們常常把追求完美定為目標，而殘缺卻未被人們感覺到其可愛之處。這些人總喜歡從主觀上定義現實應該是什麼什麼樣子的，但現實卻偏偏不像他們所認為的那樣「完美」，於是在現實中出現的各種不如意便讓他們耿耿於懷，氣鬱糾心。對於這種人來說，他們總在那裡希望和要求，要求社會應該怎樣怎樣，希望別人應該如何如何，而他們往往忽視了要求自己，沒有要求自己認清現實社會的時代規律性並做好積極的適應。他們中的許多人，尤其是一些青年人總愛感嘆「生不逢時」，其實有個事實更應被他們瞭解，即在任何時代、任何地點都會有人感嘆「生不逢時」。

「金無足赤，人無完人」。斷臂維納斯令人遺憾，但也使人感覺親切可人，那是因為每個人都賦予她一雙自己心目中美麗的手。許多雕塑家試著給維納斯恢復雙臂，但結果令人驚嘆：無論哪種姿態的雙臂都使原本光彩照人的維納斯，不再擁有那種含而不露、神秘脫俗的氣質了。人們都說維納斯之所以如此迷人，很重要的一點就是她的斷臂，她使美不再單純，不再是人們心中的完美，使人們由殘缺的美產生千萬聯想。越過潺潺的賽納河，寧謐而莊嚴的羅浮宮裏，斷臂的維納斯靜靜地詮釋著一種另類，實實在在存在的美－殘缺的美。

我偏愛一種殘缺的美，因為我覺得殘缺的美比完美更長久，更耐人尋味。有時我會想，假如我大腦殘缺，我可能會神志不清，胡言亂語，甚至瘋瘋癲癲的，但我同時也不會有健全人的煩惱、憂愁，即使我是個大腦殘缺的人，誰又會說這種殘缺沒有美的感覺呢？亦或是我的肢體殘缺，我不能跋涉萬里，只能坐在窗前，透過那扇小小的窗，看到那有限的一片天空，常人看到的是浩瀚無垠的天空，但是又有誰會說我看到的只是一片小小的天空呢？我聽不到喧鬧的汽笛聲，看不到人們驚訝的眼神，我可以仰望那片只屬於我的天空，自由的暢想，自由的呼吸……誰又會說這不美呢？

花好月圓的生活才能使自己稱心如意，這種觀念對人生是十分犯忌的事，因為這一觀念的存在必定會妨礙堅強、智慧、奮發等許多寶貴品格的培養。人生從整體上來說是充滿艱辛和坎坷的，所以人們要經常有這種心理準備，在懷著希望的同時又要接受殘缺，最重要的是，永遠不被生活的挫折所擊垮！

與此同時，當我們放棄以主觀視角去看待社會，而換之以客觀冷靜的目光時，我們就會在一種平穩的心態下，生出許多如何去適應或者改造社會的智慧來。比如拿晚上遭受鄰居干擾睡不好覺這件事來說吧，我們也許能想出許多改善的方式來，如找一個他們最聽得進去意見的時候說，或攻破他們的某個「薄弱環節」，或找個有影響力的人物出面等等，於是就形成良好的心態促進了現實向良好的方向發展。這時也許我們仍弄不清楚我們與生活究竟是誰改變了誰，誰適應了誰，但有一點是可以肯定的：這種雙重改變的趨勢是我們大家都可以接受的。

著名的美學大師朱光潛曾經說過：「世上本沒有十全十美，缺憾的美更能引起人們的共鳴。」武則天墓前的那塊「無字碑」，空空如也，讓人遐思萬千，浮想聯篇；「巴爾扎克」的成功是羅丹砍去其雙臂後得到的。

人在生命的歷程中，終歸是要向現實妥協，也許當我們試著去接受現實的殘缺，才能知道生活真正的美在哪裡。那平淡似水、那天倫之樂、那幸福安康，也許便是我們需要在殘缺中尋找的方向。

## 豁達地接受一切

「如果在希特勒和蕭邦之間，妳必須選擇和他們其中一個人結婚，那麼妳會選擇誰？」

「我選擇希特勒。我相信如果和希特勒結婚，我就會用我的愛去感化他、影響他，那麼第二次世界大戰就不會發生了。」

這是一位在香港小姐競選中獲選港姐的絕妙對答，並且經常被用來印證這位小姐的機智和創造性的思維。殊不知，有兩條正確面對現實、維護心理健康的重要法則，暗含在這個對答當中。我們要平靜豁達地接受一些不能改變的各種現實，這位小姐的回答之所以獲得廣泛好評，主要原因在於她接受「必須選擇一位」這種不可改變的現實，而不是選擇「我會堅決找尋我的真愛」或「我會終身不嫁」。

在每一天，我們的生命中都在發生著或大或小、或喜或悲的事情。這些事情，因其性質不同，會給我們帶來不同的心情。聽到好消息，我們會心情舒暢；聽到壞消息，我們會難過萬分。

但是，不同的人面對相同的事情會有不同的反應。如同樣遭到心愛的人拒絕，有的人會悲痛欲絕、痛不欲生；而有的人則會繼續努力或安靜的走開，尋找自己喜歡同時又喜歡自己的伴侶。已經發生的事實無法改變，但我們處理事情的態度可以改變，我們可以選擇接受那些現實。

人們感到快樂，一般是因為內心的需求得到了滿足。一個人能否快樂，一要看他（她）的需要是什麼，二要看這個需要是否能得到滿足。人的需要很多，除了最基本的生理需要外，其他都是心理方面的需要，比如愛與被愛、歸屬感、是否受到尊重、自我價值是否得到展現等等，這些都是相對主觀的需要，只有當一個人意識到它時，它才會成為人們的追求目標。人有需要是無可厚非的，但必須得符合客觀世界的實際情況。比如，要求在工作單位得到絕對平等的待遇是不可能實現的，但你可以要求和爭取平等，或者到能夠提供平等待遇的更好地方，但不能期望現實社會做到絕對的公平合理。這個世界有許多不公平的現象，我們必須學會接受現實生活中的不完美，還要懂得只有付出努力，才有可能賺取到自己希望的美好生活！

只有明白完美中的缺憾，才能成為這世上真正的智者。拒絕完美就是珍惜擁有，而過分追求身邊的完美，往往會失去遠處絢麗的風景。很多時候，快樂更可以在「難得糊塗」中實現，這是對完美的諷刺，也是對完美的救贖。明白這一點，我們會以更寬容的心態，更和諧的方式，來面對身邊的人和事，也會以一種欣賞和平靜的目光，來看待身邊的一些光怪陸離的現象。

我們不必為了追求所謂的真正的幸福，刻意剔除自己或他人身上那一點點微不足道的瑕疵。幸福其實不是讓我們力求完美，而是要我們學會接受現實，去包容與珍惜，然後才能感受到真正的幸福。

我們要勇於接受現實中的一切，不管生活的好壞，環境的優劣，都要試著去面對它，去承受各方面的壓力。不要去抱怨生命的不公，抱怨是沒有用的，試想一下，一個人每天除了抱怨，那生命對他來說還有什麼意義呢？我們所能做的就是努力接受這一切，然後慢慢地盡可能去改變它。要知道，路是一步步走出來的，理想和現實總是有些差距的，我們要學會知足常樂，豁達地接受一切。

在我們的一生中，有很多事情要去做的，何必把時間一味的浪費在抱怨上呢？不如平靜地接受已經發生的事情。比如，一定要孝順父母，那是我們生命的前身；撫養兒女，那是我們生命的延續；疼愛老婆，那是要和你度過一生的人；兄弟姊妹，親朋好友，同學同事，左鄰右舍總是要相處的，每天都想想這些人，想想他們給自己帶來的快樂，這樣你還有時間去抱怨嗎？

你做到了「入則孝，出則悌，泛愛信，謹而慎，行有餘力，則可以學文」嗎？生活本來就是一面鏡子，時時刻刻都在提醒自己，該改的地方一定要改，該變的地方一定要變，我們要時時刻刻透過生活這面鏡子來督促自己。

只有一個熱愛生活、熱愛生命的人才會感謝生命中的所有人，因為熱愛，所以心中充滿感激之情，懷著一顆感恩之心，這樣就可以不斷的認識自己，瞭解自己，進而促使自己接受現實，不斷的收穫，我們還有理由不去快樂的接受現實嗎？

# 摒棄完美重在知足

曾經有一個人因為一個非常偶然的機會得到了一顆珍珠，但是他為了去掉這顆珍珠上的一個小斑點，一次次地削珍珠，而最後珍珠也就不復存在了。同樣，也有人會在生活中犯類似的錯誤。

其實，百分之百完美的事物是不存在的，而一味的追求完美則是我們心智不完美的表現。就如車爾尼雪夫斯基所說：「既然太陽上也有黑點，人世間的事情就不可能沒有缺陷。」

每個人都希望自己是一個比較完美的人，擁有漂亮的外表以及豐富的知識。但是，生活不時打破我們的夢想，往往我們得到一種東西的同時，不得不放棄另一種。

世上的人多多少少有著各式各樣的缺點，漂亮英俊的可能學歷低；學歷高的也許長相不盡如人意；收入高、懂得浪漫的人或許花心；老老實實、可以讓人放心的人卻又不會做事……人無完人，我們無法完全規避缺陷，只能選擇自己相對滿意的一種。

有一天，一個男人來到一家婚姻介紹所，進了大門後，迎面又見兩扇門，一扇寫著：美麗的，另一扇寫著：不太美麗的。男人推開「美麗」的門，迎面又是兩扇門，一扇寫著「年輕的」，另一扇寫著「不太年輕」的。男人推開「年輕的」門……這樣一路走下去，男人先後推開了九道門，當他推開最後一道門時，門上寫著一行字：如此完美之物只有天上有。雖然這是一個笑話，但也說明了真正的完美是找不到的。

理想與現實的差距在婚姻中還表現為擇偶的過程：你要求別人完美，別人也會要求你完美；你看中了別人，別人不一定看得上你。有人曾說過：「找愛人就像買東西，你一眼看中的那個人或者僅供陳列—非賣品，或者已經被預訂—售出品。」正因為如此，如果過於追求完美，必會一無所得。其實，婚姻就好比一塊玉石，任何一塊玉石既有美麗的一面，又有一定的瑕疵。人們一般不會因為玉石的瑕疵而丟掉整塊玉石，但他們卻常常因為婚姻的一點不足而斷送掉原本可以獲得的幸福。從這個意義上說，拋棄「完美主義」，調整好自己的心態，這樣才容易知足，才能獲得美滿的婚姻。

有人覺得月滿才是一種完美，滿月當空、清輝四射、月白如晝、樹影婆娑，這是一種美，一種莊嚴、團圓的美。殊不知月缺亦如詩般美，彎月斜掛、蛾眉一毫、星燦月淡、輕風拂面，這也是一種美，一種如詩般、缺憾的美。

在某種程度上說，缺憾也是一種美。

古希臘神話中愛與美的代表維納斯想必大家都知道吧，白皙的肌膚，清秀的容顏，豐腴的胸部，典雅的表情，勻稱的身材，但她雙臂殘缺，卻是一種缺憾的美。她「借捨棄部分來獲取完整」，斷臂的維納斯更具有震撼人心的美，缺損中見完美，

**歌德曾說過：「人們若要有所追求，就不能不犯錯誤。」同樣道理，人們若要有所得，就不能不失去。**

生活中「美」的實現也不是一帆風順的，有失去也就有缺憾。但是，我們不要因為有缺憾而嫌棄，請相信缺憾的美也是一種美，不要因為得不到完美而不知足。

人生路上總是坎坎坷坷，也許我們在得到某些東西的時候，不可避免地會失去更多的東西。如果因為擔心失去，在失去中一蹶不振，從此不敢再去追求，那我們將會一事無成。如果不怕失去，重整旗鼓，東山再起，就像維納斯一樣雖然失去，但卻換回了無窮的魅力，並能得到更多有意義的東西。

每一個人都需要明白：「不經過失去，哪會有得到的道理。」這就像生活中的苦、辣、酸、甜，百味融合，會使你的生命更增幾分精彩。

摒棄完美主義，知足常樂。

# 期待不能代替現實

在我們的人生之中有很多的期待，但很多卻與現實差之千里。想過有很多事情要做，想到的卻是如此的完美，但是有多少是能夠完成的，有很多的時候由於一點點的挫折就會放棄了原來所想的。期待有別於現實，主觀不能代替客觀。

古希臘有一個神話。國王皮格馬利翁發現了一塊難得的好石，晶瑩剔透，令人愛不釋手。國王將石頭雕成了一尊美麗的少女像，那少女像十分美麗動人。每天早晨起床後和晚上就寢前，國王都會含情脈脈的凝視這尊少女像，滿懷期待的盼望石像能變為真人。

國王的誠意終於感動了上帝，這種鍥而不捨的期望產生了神奇的效果。有一天早晨，皮格馬利翁國王欣喜地發現，美麗的少女已端坐於他的床頭。

心理學家在學生當中進行了一項名為：「預測未來發展的測驗」，來考察期望的心理效應。心理學家對老師講，經過某些心理學方面的評定，有一些孩子「有發展的可能性，取得成功的希望更大」。

測驗過了八個月後，心理學家又來到了學校。在對孩子們進行了充分的比較後，他發現上次提供給老師的那些「有發展潛力」的孩子，如今確實表現出了高出其他孩子的能力與水準。這一結果令心理學家頗為驚訝。事實上，上一次「圈定」的那些「有發展潛力的孩子」，只不過是他隨意抽選的，根本就沒有做什麼客觀的評定。

或許只能這樣解釋：專家給老師提供的對於某些孩子肯定的資訊，使老師在培養學生的過程中產生了期待。在這種期待的作用下，老師在課堂內外對學生的提問、鼓勵、評價等，都會朝著有利於孩子發揮潛能的方向展開，使學生不斷肯定自己，進一步取得良好的成就。

有時候，期待就是具有那麼神奇的力量，從而產生令人無法預測的結果。這就是著名的「皮格馬利翁」效應。

期待的確具有神奇的效力，但也並不意味著每次都是積極的。

雅潔的爸爸媽媽都是知識份子，爸爸是某所大學的教授。與同齡的孩子相比，雅潔能言善道，能歌善舞，在幼稚園裏，老師的表揚就數她最多。爸爸媽媽也時常教她學一些東西，每次雅潔學完以後，爸爸媽媽總不忘叮囑一句：「雅潔呀，妳可得替爸爸媽媽爭氣，不管什麼事都要爭第一。」

父母說這話的本意，或許僅僅是要求孩子要有較強的進取心，凡事不可馬虎了事，更不能輕易放棄了成功的機會。爸爸媽媽對孩子的期待的確是很大的，問題在於孩子不會去理解，也理解不了父母這句話下面隱藏的另一層意思。她感受到的只是父母對她的殷切期待，那種盼望她任何方面都出類拔萃的期待。久而久之，不管在什麼場合，不管做什麼事情，雅潔已經把取得第一作為自己成功的標準。如果某件事情落於人後，她的情緒便會有很大的起伏。

然而，十全十美的人是必然不存在的，更何況是處於發展階段中的孩子。

在一次繪畫課中，老師沒有把她的畫評為第一。

在一次心算比賽時，她沒有另一個小朋友快，老師自然表揚了那一位同學而沒有提到她。

還有一次……

因此雅潔覺得自己太讓爸爸媽媽失望了，她開始抗拒去幼稚園。無論父母如何勸說，都無濟於事。她說：「我到幼稚園就是要去和別的小朋友比一比，為爸爸媽媽爭氣。現在老師也不表揚我，我也拿不到第一，還到幼稚園去做什麼？」

這樣的解釋聽上去很幼稚，卻又很令人深省。

有人這樣簡單扼要地概括了孩子在成長過程中，主要受到來自哪方面環境的影響：上幼稚園時聽爸爸媽媽的，上小學時聽老師的，到了青春發育期開始聽同學的。這是與孩子的認識水準、自我意識的發展密切相關的。

因此可以說，在孩子尚小的時候，他（她）對自己的評價基本上來自於父母與老師的評價與期待。當孩子認為父母的期待是他（她）跳一跳就能摘到的「果子」時，就會自覺地朝這一目標努力；反之，如果覺得自己難以達到尺規上那「誘人的」刻度，他（她）的自信將被慢慢地消磨，心理問題也會由此埋下種子。

「草色遙看近卻無」，韓愈將濃情厚意輕輕的播撒到詩句之中，在淡然中展現著思想的沉重。無疑，當「近卻無」的情景束縛住理想的翅膀時，誰都會頹喪地輕嘆：遙望那清晰的風景竟然只是一場虛無一抹飄渺。但這些「近卻無」的東西，無一不是被人們強加上了無數的期待，像揹著負荷升起的太陽，腳步緩慢而蹣跚。而當它們破滅的時候，人們的任何挽留都無濟於事。「近卻無」的就是期望，「近卻無」的原因就是期望與現實間永遠存在著一段狹長的距離。

有句話如此說，行走在消逝間。沒有什麼得到是不需要付出代價的：快樂使之忘卻了現實，成功隨之磋磨走了光陰。似乎每件事都是雙面的，而我們只能在消逝間用更大的快樂來掩蓋或者彌補遺失。因此，有了夢，有了期望，有了駕馭現實和未來之間的幻想。人總是這樣，喜歡把在現實中無法得到的東西，轉移到腦海中那個虛擬的美好夢境中，夢境中沒有不可能，夢境中有的是天馬行空。一切的不順將會被夢境剔除，因為那是一個只裝載快樂的地方。那裡寄託了理想，承載了人類可以想到最無缺陷的美好。

然而，夢總是要醒的。每當晨曦的第一縷陽光映照在大地上的時候，我們總要極不情願地從夢幻的被窩中鑽出，呆呆地空捋著腦海裏閃爍過的那一瞬間美好，然後癡癡地遙望蔚藍的蒼穹。當雙手平淡的拖出現實時，一切的期望就像膨脹至極的熱氣球一樣瞬間爆炸，只留下淡得無影的清絮在腦海裏漫無目的漂泊。偶爾勾起，卻只是一陣嗟嘆。

這種種的感慨就是期望與現實之間的距離。因此，生活工作中，我們應當正視現實，理解期待，遠離不滿情緒。

# 切勿身在福中不知福

如果現在要問我們大家幸不幸福，可能有很多人都會搖頭。有什麼可幸福的呀？工作壓力大，家庭矛盾多，上學沒勁頭，感情沒著落，盡是不幸福的理由。

看這樣一個例子。一位哲學家不小心掉進了水裏，被救上岸後，他的第一句話是：「呼吸是一件多麼幸福的事。」空氣，我們看不到，也很少人會去關心它，但失去了它，你才發現，我們不能沒有它。後來，那位哲學家活了整整一百歲。臨終前，他寧靜的重複那句話：「呼吸是一件幸福的事。」換句話說，其實活著就是一件幸福的事。

據說以色列全國發行量最大的希伯來文報紙《新消息》，在其版面中新開了一個專欄：「好消息」。

《消息報》決定要辦「好消息」，是因為該報經過讀者調查發現，許多以色列人對媒體每天充斥著以巴衝突報導的壞消息，深感厭煩和失望，迫切需要有一些能給人帶來未來希望的「好消息」。

讓我們看看「好消息」專欄裏包含哪些「好消息」吧：一名失業男子撿到一個裝有幾千元錢的皮包，最後物歸原主；以色列選手獲得歐洲國際象棋錦標賽冠軍；一名耳聾的以色列女兵完成了軍官培訓課程，專家認為駱駝奶對人有益……

你一瞧這些新聞，可能會不屑：以色列人對幸福的要求也未免太低了些吧，這些難道也算是好消息？但你要知道，以色列人長期生活在以巴衝突的陰影中，戰爭和恐怖事件接連不斷，甚至連最基本的人身安全都沒有保障。在這種不安的心境中，他們盼望好消息，連天氣預報員也要在結束語中加上一句：但願今天是個平靜的日子。

相比較而言，我們生活在和平的國度中，不用擔心爆炸，不用害怕逃離，如此說來不是比那些成天處於戰爭威脅下的人們幸福許多？處在槍炮之聲不絕於耳的戰亂空間裏，人們眼中最大的幸福，是生活在和平的環境中，沒有硝煙炮火，沒有刀光劍影，心情坦然的從事自己的本職工作，自由自在的享受家人團聚的天倫之樂……而處於和平之中的人們，可能並不覺得這是幸福，認為這十分正常；甚至還有不滿或怨氣：雖然我們身邊沒有戰爭，但並不缺少紛爭、競爭及煩惱啊！

仔細回想一下，生活之中發生在自己身上或者身邊的這種事還少嗎？或者你正為工作的不順利而萬分煩惱，覺得前途黯淡，但如果能想想還有很多人在為擁有工作的機會而四處奔忙的時候，你是否覺得自己擁有工作也是幸福的？或者你正在因為你的貧窮而苦惱憂愁，但某些富裕的人或許正在羨慕你所擁有的平淡而樸實快樂。其實，很多的幸福就在身邊，就在腳下，只是被自己忽略了。**渴求幸福的人往往不知不覺地把嚮往變成苛求，所以幸福嗅覺就遲鈍了，在尋覓幸福的過程中總是錯過了幸福的芬芳。**

法國一家雜誌社每十年都會做一次問卷式調查，主題是「你幸福嗎？」對比二十年的調查結果，奇怪的是二十年前有八〇%的法國人覺得自己幸福，二十年後的今天，面臨失業、種族糾紛、愛滋病等問題，卻依然有八〇%的法國人覺得自己幸福。調查發現，仍感到幸福的法國人是把幸福的標準降低了，開始從基本的生活上尋求幸福，「有工作和休假，沒有失業已經很不錯」、「我和我的家人都幸福快樂，這已經夠了，不必要千方百計去奢求物質上的滿足」，更重要的是他們認為：「沒有不幸，便是幸福」。

# 抛開不滿勇於進取

沒有一個人對自己是滿意的，多多少少都會覺得自己這裡不好或那裡不好。比如：學習不夠好、家境不夠好、工作不夠好等等。如果一味的只知道不滿意，而不勇於前進必將一事無成。作為一個有理想、有抱負的人，既要不滿於自己的現狀，又不能對別人牢騷滿腹，要化不滿為動力，積極進取，去追求輝煌的人生。

現代社會，不滿是人們的一種普遍心態，對工作、對家庭、對現實、對社會等。有的人牢騷滿腹，腐敗現象讓他不滿，別人高升讓他不滿，社會分配不均讓他不滿……

有不少的人身上存在這樣一種不滿的毛病：在他沒有能力和條件時，就只有在一旁冷眼觀看、冷嘲熱諷的份兒，別人的得意成了他的心病，「慷慨演說」就成了他發洩不滿的唯一途徑，等時機一旦成熟，他比那些齷齪小人有過之而無不及，甚至於到了登峰造極之地步。這種人的不滿不要也罷，留著也只會讓他變得更加自私而已。

不管何時何地，都不要把不滿寫在臉上。

其實，每個人都有自己的審美標準和生活準則。比如：與別人同住在一個宿舍時，起初僅是討厭他的生活習慣，但隨著情緒的惡化，繼而便產生了偏見，看他做什麼都不順眼，連話都不想跟他說，見了面也愛理不理的，臉上彷彿一直寫著不滿兩個字。一次兩次沒什麼，別人會認為你心情不好，但長期下去，兩人之間必會產生隔閡及摩擦。

一般把不滿寫在臉上的人，心胸都不夠開闊，承受能力也很有限。對於不合胃口的東西就丟開，沒有給自己去適應的機會，同時也是不尊重他人的表現，是以點帶面徹底否定別人。其實，是可以借鑒一下別人的優點，來彌補自身的缺點。

一個習慣暴露不滿情緒的人的生活，就會缺少很多樂趣。你置身於不滿情緒形成的隔離帶裏，周圍的人都不會靠近你，因此你就少了交流的機會，你的一切都得靠自己來完成，毫無團隊這個概念。這樣光靠自己一個人，是很難辦成一件事的。

現在，不論在學校裏還是公司裏，團隊的合作都是很重要的。因此，我們要學會忍耐，拋棄不滿，不要讓你的情緒妨礙了你前進的步伐。

據世界著名商業研究機構調查報告表明：美國不同年齡、不同收入的從業人員，在二〇〇八年對自己工作的滿意程度還不如二〇〇〇年，儘管二〇〇八年的美國經濟更加繁榮。在這八年中，三十五～四十四歲的人對工作的滿意程度由六〇・九％下降到五一・二％，四十五～五十四歲的人則由五七・三％下降到四六・五％。

同時，雇主和雇員之間的信任度也很低。位於馬里蘭州貝塞斯達市的華信惠悅透過調查得到這樣一個結果：被調查的七千五百個雇員中，只有一半的雇員信任他們的高層管理者。

化解上司的不滿首先要尊重上司的權威。作為下屬，如果完全不顧上司的權威，追求絕對的公平、公正或者逞一時英雄，那等於是破壞了團隊的運作。

因此，不要公開頂撞上司，不要讓上司下不了台，要用一種委婉的語氣和上司平靜理智地溝通。

其實，不要因為情緒化而片面化的認識上司。上司也是人，肯定優點缺點都有。有的上司很挑剔，但勇於承擔責任，有的上司脾氣不好能力卻很強，如此等等，不一而足。盡可能全面客觀地去看待上司，不要輕易做出不理智的行為。

下面我們將介紹幾種向上司表達自己不滿情緒的方法：

**一、表達不滿一定要合情合理。**

不管因為什麼事不滿，一定要說出自己不滿的原因，讓上司知道你並不是無理取鬧。不過，在反映時所運用的技巧也相當重要，若你不瞭解上司的性格，很容易讓他將注意力集中在你的態度上，而非事情的真相上。

向上司反映自己的不滿時，要以積極態度去談問題，互相尊重而不是去找出誰要為這事負責，待問題解決後，才慢慢談負責問題。在時間選擇上，也要十分小心。如選擇上司不太忙的時間再找他，同時也要懂得看上司的『眉頭眼額』，可跟他先約個時間，使他能做好心理準備。很多時候，我們認為著急的事情上司不一定同樣認為，所以要選好時機。

另外，在反映問題時，不要單單強調問題的所在，要多想一步，找出多個解決的方案，讓上司選擇，說完後更要有所行動。

## 二、想清楚要上司如何幫你。

我們在工作中，最好每週和公司的行政總裁談談，讓他瞭解我們的工作情況。若遇有不悅或不滿時，要先整理好有關資料，並先想一想用什麼方法跟他說，如何表達前因後果，因為他一定會進一步詢問。除了問題，還要說清楚你想讓上司如何幫你。在談話完畢後，最好再將附有相關檔案、資料及當日傾談的總結，以電郵的方式發給上司。

一位中層管理人員曾這樣建議過：當遇到有不滿情緒的同時，最好先找個可以坐下詳談的地方，避免當眾解決，讓對方情緒先穩定下來，再讓他將內心的不滿發洩出來。若遇上自己很忙時，我也會跟他約另外的時間再來慢慢談，這樣自己就能有足夠的時間和空間，集中處理他的不滿。

**三、用電郵不怕尷尬。**

我們經常會因為工作上的問題而產生不滿的情緒，由於工作太多沒有足夠的休息空間，或與同事之間不經意間產生的小摩擦，都會使我們心情煩躁。這時，我們不如用電郵來表達不滿，相對於當面直接說出來，透過電郵我們可以重新查看整件事情，會準備得更好。這樣，會將所有事實寫得清楚，避免了大家面對面的尷尬場面，給當事人思考的空間，從而能順利解決問題。

**四、儘早提意見。**

一位老闆這樣談過他多年的處世之道：「在當老闆的這麼多年中，我經常收到下屬的意見。當員工反映不滿時，有時都很受傷，因為他們不明白我安排的工作都是為他們好。不過，我會盡量和員工解釋公司正在進行的政策方向。我建議員工在工作上有問題時，越早主動讓上司瞭解越好，以免事情越拖越糟。同時希望員工從積極面出發，例如：多問『為什麼公司要這樣做？』、

『我們可以如何做出配合？』等，較正面的問題，避免當面批評。一般老闆都有敏銳的洞察力，當員工有不滿的情緒時，老闆大都能感覺到。」

不滿是讓你失去鬥志的溫床，不滿是讓你不戰而敗的麻醉劑，不滿是讓你自願放棄的天敵。所以，讓我們一起拋棄不滿這個包袱，努力向前進吧。

# 積極面對現實

很多人都會為自己沒有成功找出各種理由：比如家境不好、年紀太大、今年經濟不景氣，還有人說是因為口才不好、沒有遇到貴人等等。

李嘉誠小時候家境貧窮，都沒錢讀書，但他現在卻成了香港首富。

雷克洛克是麥當勞的創辦人，當年他成立麥當勞公司時已經五十二歲了，但是他創辦了有史以來最成功的速食連鎖店。

比爾‧蓋茲在他上哈佛大學二年級時，選擇半途放棄學業去創辦微軟公司，而成為世界首富。

這些例子都說明了，不要為不成功而找各種理由，要以積極的態度去面對現實。我們可以看出經濟再不景氣、口才再不好、沒有本錢但後來成功的比比皆是。有這麼多好的模範例子在，我們為何不努力奮鬥呢？

其實，只要肯努力沒有人會因為家境不好、年紀太老、或太年輕而無法成功。**一切限制都是自己給自己的，當你給了自己一個藉口，告訴自己無法成功的理由是什麼時，你就真的沒有成功的機會了。當自己都相信自己不能成功，還有誰會相信你呢？**

當我們給自己一個所謂不能成功的理由時，就等於在頭腦中對自己下了一道命令，限制自己去發揮自己所有的能力。沒有人規定怎樣才能成功，沒有人限制你，是你自己限制自己。只要我們不給自己任何的限制，是沒有人能限制住我們的。既然這樣，何苦要自己綁住自己呢？

如果一天到晚只會告訴自己：「我不能、我無法、我做不到、好困難，因為我太笨、因為我沒學歷、因為我剛結婚、因為我孩子太小、因為我老婆（丈夫）她（他）……所以我不能成功。」這絕對是一個很愚笨的舉動。

我們要明白，人生中沒有能不能，只有要不要。只要你一定要，你就一定能。

當我們解開綁住自己的繩子，解放自己，大展拳腳，大步向前，以積極心態面對現實，就會大有可為。

有時候，現實總帶著那麼一點悲傷，總是和幸福的幻想不同。

當我們在學生時代時，總會厭煩整天的學習，但是由於升學的壓力，為了能考入心中理想的學府，我們只有學習這條路可以走。當我們學習不好、考試成績不理想時，看到父母那種失望和一種說不出的眼神時，總覺得虧欠父母許多。我們只有逼著自己努力學好每一門課，用優異的成績來回報父母。

當有些人成績不好時就喜歡幻想自己學習成績優秀，人緣好，權利大，有錢，一切的一切，都在自己的掌握之下。然而，當回到現實當中，一切還是沒有改變，只有透過努力奮鬥，才能完成自己的幻想。

所以，別再沉迷於自己天真的幻想，睜開眼睛好好看看現在的社會吧，光靠父母的權利、金錢也許能得到一時的光彩，但以後的路還是很長的，還是要靠自己的奮鬥的，只有靠自己的努力學習，才能開創屬於自己的一片天。

只要我們以積極的態度去面對現實，在我們面前的將會是美好的未來。

在人生的這條路上會有許多個岔道口，它在我們面對困難時就會出現，來考驗你對困難持什麼樣的心態，它將影響你的一生。如果用樂觀向上的態度面對它，那你的前途將會一片光明，走上一條平坦的大道；如果用消極悲觀的態度面對它，那你的前途將會不再光明，最終走向失敗。

在生活的海洋上，有狂風暴雨，有湍急的水流，有危險的暗礁，一帆風順幾乎是不可能的，不管遇到什麼樣的情況我們都要善於處理自己的心態。

不同的人對待生活的態度也是各不相同的，但是有這麼一種人，他的人生態度是樂觀主義的。

有一則古老的寓言講述了這樣一個故事：在一個春光明媚的早晨，有一隻漂亮的鳥兒，站在擺動的樹枝上放聲唱歌，樹林裏到處充滿著牠甜美的歌聲。

此時，一隻田鼠正在樹底下的草皮裏掘洞，牠把鼻子從草皮底下伸出來，大聲喊說：「鳥兒，閉上你的嘴，為什麼要發出這種可怕的聲音？」

「哦，先生！你看，春天是多麼美好；樹葉綠的多麼可愛；陽光是多麼燦爛；空氣是多麼新鮮；世界是多麼可愛。我的心中充滿了甜蜜的歌兒，我無法不唱歌。」這隻唱歌的鳥兒回答說。

「是嗎？」田鼠不解地問說：「這個世界美麗可愛嗎？這根本不可能，你完全是胡扯！世界上的任何事情都是毫無意義的。我已經在這裡生活了這麼多年，我瞭解得很清楚。我曾經從各個方向挖掘，我不停的挖啊挖啊，但是我可以告訴你，我只發現了草根和蚯蚓這兩樣東西，再沒有發現過其他可愛的東西。」

「田鼠先生，你從地下爬上來看看吧，到陽光中來吧，你上來看看太陽，看看森林，看看這美麗可愛的世界，呼吸一下新鮮空氣。要是這樣，你也會忍不住唱歌的。上來吧，讓我們一起放聲歌唱吧！」快活的鳥兒反駁說。

其實，我們也可以對悲觀主義者說：「出來吧，先生，看看這明媚的陽光，看看這可愛的世界，你會感覺到一切都是美好的。」只有我們用一種積極的態度去看待周圍的一切事物，就會懂得人生的意義，懂得生活中各種煩惱和痛苦對於我們人生的意義，你就會懂得傷心難過只是暫時的，只要我們勇於走出來看看就會發現世界的美好。

如果我們能克服人生的磨難和痛苦，必會走向成功。因為經歷了這些過程的人，他們不會再感到悲觀失望，他們心中的希望之光永遠不會褪色，他們知道只有用積極的態度去面對一切才可以克服困難。

每個生命都被上帝賦予了神聖的意義，它絕不是一種累贅，我們不能因為遇到困難就覺得生命毫無意義可言，我們要學會積極面對人生，珍惜生命中的一切。只要我們積極面對所有的困難，就會對人生有了正確的理解和看法，這樣就不會再消極悲觀，可以擁有良好的人際關係。

# 別跟自己過不去

在我們的一生當中，我們不能掌握的事情有很多，但是我們可以靈活的把握自己，及時的扭轉方向，才能換來柳暗花明。只會鑽牛角尖的人在社會上受阻撓，我們何不試著放鬆，試著改變，別跟自己過不去。

很多時候，我們都是因為自我困擾而造成苦惱。有時候不是因為擁有的少，而是以為自己能夠得到更多，當現實和想像有距離時，這時候煩惱和失望就出現了；然後就開始自我折磨，認為自己的人生是失敗的，這種沒有意義的自怨自艾只是跟自己較勁。我們不妨把這些無謂的自我較勁放在與困難的抗爭上，這樣必能成大器。

每個人的能力是有限的，我們的力量對於整個宇宙而言是多麼的微乎其微。所以生活之中的很多事情，是人類力量所無法辦到的，這時就不要再把責任壓在自己身上。失眠、憂鬱、失落都是自己加在自己身上的枷鎖，我們要及時清理這些心靈垃圾，輕裝上陣，才能有擺脫過去，迎接新的明天。當然，對自己有較高的要求是沒有什麼不對的，但無論做什麼事情都得有個度，當遇到自己辦不到的事情時，只要我們盡力了，就不要再刻意為難自己了，盡力做到最好就行了。

同時，我們面對人生時要懂得取捨，懂得退讓，別跟自己過不去，這才是人生的真諦所在。比如說：常見的婆媳關係吧，這個問題困擾著很多家庭。婆媳之間經常會發生這樣的事情：媳婦和婆婆生氣，婆婆向兒子告狀，兒子再向妻子問罪，妻子無論有理無理都會惹一肚子氣。經常折騰了一圈，才發現生這麼大的氣，只不過是自己和自己過不去罷了。

退一步海闊天空，這樣不但是給對方一個空間，也是給自己一個空間。

從婆婆的角度來講，兒女自有兒女福。孩子們既然已經長大了，那麼就應該放手讓他們獨立成長，自己為了孩子的事情也已經辛苦了大半輩子，剩下的路就讓他們自己去走吧！少插手、少操心，年紀大了已經經不起折騰，那麼為何又來拿兒女事來為難自己呢？從媳婦的角度來看，即使與婆婆是沒有血緣關係的，但是對方是妳所愛的人的至親，但從這點來看，尊重和關懷也應該是必須的。只要學會適當地給予對方關心和愛戴，這樣會收穫更多。把自己的家庭搞得烏煙瘴氣，到頭來生氣傷心的還是妳自己，家和萬事興這句話是很有道理的。

俗話說得好：「忍一步風平浪靜，退一步海闊天空。」用一個寬闊的胸懷去接受別人，這才是聰明之舉。

一個人生活得快樂與否不能用他擁有財富的多少，擁有權利的多少來衡量的，關鍵還是看他是否有一顆快樂寬容的心，包括忍讓、通情達理，不跟自己較勁，這樣才是珍惜自己，熱愛自己。

跟自己過不去的人，也毫無快樂可言。當我們心情灰暗的時候，給自己的鬱悶尋找一個發洩的突破口。成功人士都有一個共同的特點：那就是有一個積極的消遣方式，放鬆自己的心情，不跟自己較勁。在這個世界上很多事情出乎了我們的掌握，我們不能掌握命運，但是我們可以掌握自己；我們無法改變現狀，但是我們可以改變自己；我們無法改變陰晴，但是我們可以改變心情。沒有什麼過不去的坎，沒有什麼跨不過去的溝，何必拿一些外物來折磨自己，苛求自己呢？我們要善待自己就必須對自己有信心，對他人有寬度，對生活有微笑，這樣必能快樂每一天。

只有不跟自己過不去的人，他們的人生才會充滿希望和快樂。每一天給自己一個希望，每一天進步一點點，每一天給自己一個微笑，每一天保持一個快樂心情。人生不是單色的，人生不是僅僅一個目標，所以放開你的視野，放開你的胸懷，寬容地對待一切，這樣才能善待自己的每一天。

# 第五章　肯定自己，做人不要有自卑情緒

你來到這個世界上，與別人頂著同一片藍天，踏著同一塊土地，吸著同樣的空氣。你要勇於展示自己的智慧和風采，沒必要仰視別人。你擁有一方堅實的土地，有屬於自己的光彩與夢想。學會肯定自己，走出自卑情緒的陰影。

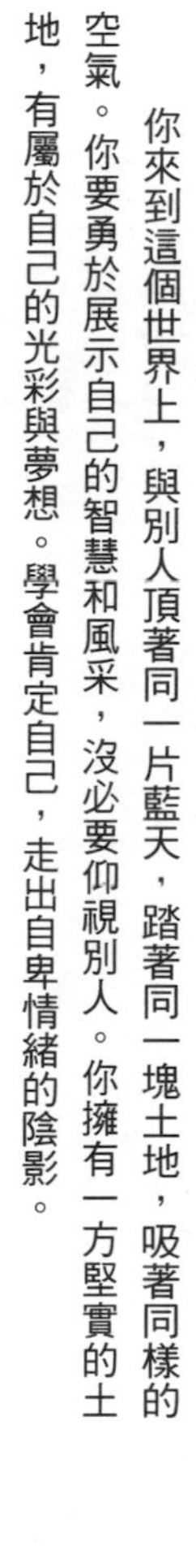

# 從自卑中成長起來的自信

如果，你從小到大一直都沒什麼人表揚過你，你與周圍的事物也總是格格不入。這樣長期下來，你慢慢的也會覺得自己總矮了別人一截，你發現別人總是很優秀，你發現別人總是比你懂得更多，你發現別人對你的評價跟你實際做的相吻合，因為你想要做到的事情總是不能如願。你發現你越來越焦躁不安，越來越沒了安全感，你希望自己能不再自卑，讓別人刮目相看。但是，經常以失敗告終，這時你開始懷疑自己的能力了。

當你長大懂事後，你明白了這是你長期的不自信帶來的後果，你開始去發掘你自己的內心世界，你發現這種自卑感已經加速到了很大的速度，根本很難停下來。你腦子裏成天想的最多的就是怎麼去取悅別人，怎麼去讓別人認可，你幾乎已經忘了你自己究竟想要什麼，你仍然總是碰壁。你很徬徨、很孤獨，覺得生活好累，越來越沒有意義，你不知道自己的人生還有什麼追求的目標，你發現自己陷在很深的自卑感中，很難跟人很好的交往和溝通。

自卑感是一種內心體驗，它是由於自我價值被貶低或否定而產生的。這種貶低或否定可能來自於外界，也可能來自於當事人自己，不過更多的時候是兩者兼而有之。

許多自卑者總是陷於自我的否定之中，覺得自己一無是處，覺得人生毫無希望，因而萬般苦惱。

日本九州大學名譽教授關計夫一生從事人類自卑感研究，他認為：因自卑感而沉淪甚至毀滅的事例，歷來並不少見，但正像珠母貝受損傷後自己會孕育出美麗的珍珠一樣，在自卑感困擾中的人，也會磨礪出完美的人格。關計夫甚至還說過：「全然沒有自卑感，也就絕不可能成為一個卓越的人。」

透過關計夫的理論，我們可以說：在某種程度上自卑感是走向成功的踏板，沒有它成功則毫無指望。

我們不要因為有自卑感而感到羞恥，如果我們及時發現它、承認它，並設法彌補它，這樣更有助於我們達到人生的目標。的確，因為有自卑感而成就了偉大事業的人不少。這正如珍珠貝損傷後自己會孕育出美麗的珍珠一樣，在自卑感的困擾中，人也會磨礪出完美的人格。像貝多芬這樣全世界公認的音樂家，愛因斯坦這樣傑出的物理學家，拿破崙這樣偉大的軍事家都曾是自卑感的俘虜，但他們及時克服了自卑感，並設法彌補它，從而成為了一代偉人。

德摩斯帝尼是古雅典著名的雄辯家，他小時候呼吸困難，聲音微弱，而且嚴重口吃。當時的希臘非常崇尚雄辯術，因而小德摩斯帝尼沒有因為自己的先天性缺陷而自卑，從小就有一個當雄辯家的志向。為了使聲音變得強而有力，他站在海岸上，口含小石頭大聲喊叫。並且為了增大肺活量，他一邊練習演說一邊跑步登上小山丘。他還在鏡子前擺上姿勢，練習向觀眾招手致意，背誦希臘悲劇。即使這樣，他還不滿足，索性把自己關在地下室，將一邊頭髮剃掉，除了吃飯和睡眠的短暫中斷外，所有的精力都用來鑽研辯論術。二十八歲時，德摩斯帝尼從地下室出來，參加雅典的辯論大賽，取得了完全的勝利。從此，人們把德摩斯帝尼稱為雄辯之父，一直景仰著他。

我們可以看出，只要我們不怕自卑，克服自卑，仍然會成就一番事業的。

每個人都有自卑的情緒，就看我們是如何對待它了。如果你一味沉浸在自卑情緒中，那麼你將一事無成。如果你能化自卑為力量，正確地看待自己的優缺點，既不自卑也不自傲，心中充滿自信。經常鼓勵自己：我行，我能成功，那麼你必會將自己的自卑心理擺脫得一乾二淨。

我們不能因為自己有某些方面的缺陷，就對生活感到厭倦和絕望，因此產生自卑感。相反，它應該是自己努力擺脫目前困境、超越自我的巨大動力。很多偉人，生平就是一部從自卑到自強的奮鬥史。不如讓我們一起帶上信心上路，在自信的天空展翅翱翔，追尋自己的目標。

# 自信的魅力

自信是什麼？

自信是感性和理性的累積，是堅強和勇敢的表現。自信的人自有一種風韻，如風中之葦，搖而不倒；如出水之蓮，豔而不妖；如空谷之蘭，香而不驕。自信的驕而不躁，永遠站在事業的頂峰。

自信的人明白這樣一個道理：世間萬物一切皆不可強求，皆有定數，不能愛的不會去愛，不想要的不會去強求，不該說的堅決不說。自信的人知道自己想要什麼，可以得到什麼，但也不是貪得無厭什麼都想得到，他們同時懂得勇於承擔責任，最重要的還是自信的人都擁有寬容和博大的，如大海般的胸懷。

如果我們把自信看作是一個過程，人生會多些沉穩，少些衝動；如果我們把自信看作是一個目標，人生會多些成就，少些失誤；如果我們把自信看作是一種修養，人生會多些寬容，少些狹隘。自信是人生當中一大境界，也是經歷了人生的風雨坎坷和酸甜苦辣之後的灑脫，是相信自己的一種表現。

我們判斷一個人是否自信，不是從他的年齡大小來看，而是看他的思維以及心態。每個人的人生都是起起伏伏的，當遇到失敗時就要自己調節好心態，正確處理情緒問題。自信不是一天可以形成的，在我們擁有良好的心態、積極的情緒後，再加上自己的努力學習奮鬥，日積月累，必會對自己充滿自信。

自信是不經意的一個眼神，是不加雕琢的一個微笑，自信的人都會流露出自己的感覺。

余秋雨《蘇東坡突圍》中也曾這樣寫道：「自信是一種明亮而不刺眼的光輝，一種圓潤而不膩耳的音響，一種不再需要別人察言觀色的從容，一種終於停止向周圍申訴求告的大器，一種不理會哄鬧的微笑，一種洗刷了偏激的淡漠，一種無須聲張的厚實，一種並不陡峭的高度。」

只要自己相信自我，肯給自己一份自信，那麼就是最具有魅力的。自信是每個人成長的基石，是一個人走向成功的資本，不能說凡是具有自信的人都是優秀的，但是自信的人自有魅力在，人的成長離不開自信。

唐代大詩人李白的「天生我才必有用」，這一千古名句告訴我們懷才不遇時不要徬徨、沉淪，要相信自己必有用。這一句話是何等的自信啊，它向我們解讀了人生的價值，綻放著光彩與魅力。

自信可以給人無窮的力量，是自信促使人們走向成功。

大自然創造了萬物生靈，並賦予了人們各自不同的容顏與智慧，也許你會覺得自己現在太過平凡，太過普通，但是不要灰心，相信上天是公平的，給自己一份自信，相信自己會有精彩的人生。

在人生的旅途中，請大家都堅信自己是優秀的吧。

# 學會「愛自己」吧

人生就如一條漂泊於茫茫大海中的小船，隨著波浪起起伏伏，蘊涵著太多的喜怒哀樂。遇到困難時會哭，會倒下不起。但是，同時人們又很堅強，剛抹去臉上的淚花，瞬間又展歡顏。人們在人生這條路上艱辛的前進著，即使已經傷痕累累，還得駛向人生的彼岸。當我們年老時，回首身後那條深淺不一痕跡的心路，喜憂參半，看著這條路我們不妨試著問自己，我們真正做到「愛自己」了嗎？

有一位自小就患有腦性麻痺的病人叫黎慧，由於腦性麻痺，她失去了肢體的平衡感，也喪失了發聲講話的能力。從小她就活在諸多肢體不便及眾多異樣的眼光中，她的成長充滿了血淚。

然而，這些外在的痛苦並沒有擊敗她內在奮鬥的精神，她堅強地面對這一切困難。透過自己的努力奮鬥，終於獲得了加州大學藝術博士學位，她用她的手當畫筆，以色彩告訴人「寰宇之力與美」，並且燦爛地「活出生命的色彩」。

「妳從小就長成這個樣子，請問妳是怎麼看妳自己？妳都沒有怨恨嗎？」有同學這樣問過她。

黎慧用粉筆在黑板上重重的寫下「我怎麼看自己？」這幾個字，她寫字時用力極猛，有力透紙背的氣勢。她停下筆來，歪著頭，回頭看著發問的同學，然後嫣然一笑，又在黑板上龍飛鳳舞地寫下了如下幾行字：

一、我好可愛！

二、我的腿很長很美！

三、爸爸媽媽這麼愛我！

四、上帝這麼愛我！

五、我會畫畫！我會寫字！

六、我有一隻可愛的貓！

七、還有……

八、……

教室內頓然一片鴉雀無聲，她回過頭來鎮定地看了大家一眼，又回過頭去，在黑板上寫下了她的結論：「我只看我所有的，不看我所沒有的！」

每一個人都會有自己的優點，都會有自己的閃光點。但是，細細想來，我們誰像黎慧給過自己掌聲呢？

由於自卑者在以往的失敗和自我否定下，會不知不覺地產生輕視自己、埋怨自己、虧待自己、奴役自己、委屈自己、束縛自己、做踐自己、壓抑自己的心情，使心靈煎熬著、掙扎著，就這樣自卑產生了，自信消失了，隨之消失的還有志氣、理想、信念、追求、憧憬、主見和創造的精神。

自卑者都習慣於對自己說「不」，比如：我不會、我不好、我不行……這種貶低自己、否定自己並不會給他們帶來輕鬆和快樂，反而心情越來越灰暗，自卑感越來越重。

也許，對自己換一種說法，可能就會輕鬆很多。愛自己的第一步是要把「不」字從字典裏拿走。著名心理專家說過：生活中充滿了暗示，我們經常在受暗示的影響。比如，當一個人說自己「不好」時，他可能就會在潛意識向別人證明自己就是不行。一個經常貶低自己、否定自己的人，可能處處都沒別人表現得好。

因此，去掉消極的暗示，多給自己灌輸積極的暗示，讚美自己、鼓勵自己，是每一個愛自己的人給自己最好的禮物，是愛自己的最好表現。

**只有懂得愛自己的人，才能做到真正的豁達與進取；也只有愛自己的人，才能用心去愛別**

**人。只有懂得愛自己的人，才能體會到艱辛後的甜蜜；也只有愛自己的人，才有勇氣去承受世間的無常。**

愛自己，才能做到柔韌！

愛自己，才能更加勇敢！

愛自己，才能擁有自信！

所以，我們一定要記得，不管在人生中的順境也好、逆境也罷，不管有多艱辛，請你一定別忘了要愛自己，好好愛惜自己！

在這個世界上，真正與自己形影不離的人只有自己，我們理應成為自己最好的激勵者，最好的聆聽者。但是，我們一直渴望被別人喜愛，卻忽略了喜愛自己。如果我們連自己都不愛，又怎麼去愛別人呢？

生活裏的事很多都不是如人所願的，都不是心甘情願去做的。所以，何不在空閒時間主動去做一些讓自己愉快、舒服的事呢？既然是讓自己舒服的事，就不需要想得太複雜，也不用考慮太多或講太多道理，重點就是做完這件事之後，自己的心情是否會變好，心中不再有負擔的感覺，這樣才是真正做到了愛自己。

愛自己是一門技術，需要我們精心培養。常常參照「自愛四寶」，多對自己說讚美之辭、接納自己的情緒、主動去做讓自己快樂的事、拒絕去做使自己不舒服的事。如此，相信必能幫助我們真正做到「愛自己」。

愛自己吧，不需要理由！

愛自己吧，我們才能越活越精彩！

愛自己吧，我們才會煥發出無窮的人生魅力！

# 變「缺點」為自信

每當路人看到肥胖的人時，總會因為他們的體形多看上幾眼。雖然並非有意的傷害，只是一種好奇心的驅使，但對於肥胖的人來說，這樣會加深他們的自卑感。其實他們與其這樣，不如坦然地面對現實，不僅明智，也使自己的身心愉悅。

就像一位哲人說的一樣：「除非自己允許，否則任何人都不能夠讓你自卑。」

安迪是個美國人，由於他從小出了車禍，現在右手只有四根手指，但他卻是一名家喻戶曉的電視台節目主持人。從小他就立志要做一名電視節目主持人，雖然安迪具備一個優秀電視節目主持人幾乎所有的條件，但是各電視台的負責人看到他殘疾的手就都回絕了他。經過一年半的努力之後，安迪終於被一家電視台錄用。在試鏡的時候安迪按照電視台的意見戴著仿指手套，以最自然的態度去面對觀眾和自身的缺陷，由於安迪真誠、自信、充滿魅力的主持，因此受到了熱烈歡迎，成為一名傑出的電視台節目主持人。觀眾被安迪的主持藝術以及他面對缺陷的坦率深深打動，給了他很高的評價。

由此可見，其實缺點並不可怕，可怕的是沒有信心，即使有缺陷也要把它變成「缺陷美」。古語有云：「金無足赤，人無完人。」「缺點」之所以有魅力，在於它的真實。作家基於真實是藝術的生命這一著眼點，才在「完美」的臉龐上點出「缺點」的痣子。即使智慧化身的諸葛亮，也還有被姜維識破計謀的千慮一失，以及在先帝托孤時的惶恐心理等筆墨。可以說，「缺點」被描寫得越真實，就越有生命力、越有魅力。

「缺點」之所以有魅力，還在於它的獨特和恰如其分，它在真實的基礎上又產生了特殊的韻味，使人物又各具風采，藝術魅力由此而生。

在文學藝術中，作者總想方設法給書中人物設計一種「缺陷美」，這樣描寫出來的人物才更真實，更能讓人感動。那麼，既然這樣，我們有時候又何苦因為自己的缺點而悶悶不樂，鬱鬱寡歡呢？其實，只要我們勇於接受它、面對它，也能把這些缺陷變成我們人生路上的助力器。

我們要把「缺點」變成改變命運的力量，這樣我們的人生不會再怕默默無聞，只怕碌碌無為。逆境中更能磨練出人才，只要我們帶著這份執著，踏完人生的旅程，必能有所收穫。變「缺點」為自信的魅力，為「缺點」而感動吧！

# 適當收起你的敏感

陶淵明，一貧如洗，但仍樂觀向上；李世民隨父打天下，困難重重，仍堅持不懈；朱元璋從乞丐變為一代君主，種種艱辛，但仍未放棄……

茫茫沙漠中的白楊，被狂風襲擊，但仍屹立不倒；雨後的小草，慘澹無比，但仍挺直身軀；高山頂上，荒蕪人煙，但青松仍矗立於山巔之上……

我們捫心自問，是不是比海倫・凱勒幸運。既然這樣，為何會被自卑圍困。

我們要對自己有信心，這樣才能學會微笑，才能學會面對。

然而，有人以為在別人面前越少顯露自己的錯誤或弱點，也許越能贏得人們的尊重，但是這種想法是不對的。

大學畢業後，奧巴瑪就來到一家公司工作。由於以前沒有實習經驗，會的東西也不多，奧巴瑪總是在工作中差錯不斷。為此她總是受到上司和同事的批評，漸漸地，奧巴瑪在公司裏總是戰戰戰兢兢，生怕出點差錯而被別人否定。她對批評尤為敏感，別人只要說點她什麼，或是給她的穿著提出不同的意見，她都要激烈地辯駁，要不就將極為沮喪掛在臉上，導致她和同事的關係極度惡化。

克里斯汀是一位大學學生，由於來自農村，他以前只知道學習，其他方面則一無所長。唱歌五音不全，講話緊張臉紅，打球笨拙。因此他特別害怕參加團體活動，怕別人嘲笑自己，怕在眾人面前出醜。

從心理學的角度來分析，上述的兩種表現是一種典型的自卑心理。自卑者的自尊心很脆弱，以致會對威脅到自尊心的預感產生過度擔憂的反應。這種人在工作生活中，其關注點已不像常人那樣，放在如何完成好任務或與人溝通交流之上，而是在反覆擔心自己不要出什麼差錯，怕別人批評指責，怕人看笑話。因此當其受到非議和批評時，那麼這時就很容易引起他們的痛苦和沮喪情緒，就會增強其過分的抵觸反應。這種心理抵觸使其陷於情緒化的狀態中，不能進行正常的學習和反思，會使個體完全喪失適應情境的能力，以至造成反應的阻滯，不斷出錯，轉而又激起「保全面子」的強烈企圖，甚至做出逃離那些可能讓他們出錯丟臉的環境，因此盡量不參與任何的團體活動。如此這樣下去，他們不多與人接觸，不多加鍛鍊自己，適應環境的能力就會越來越差，自尊心也更加脆弱，更加懼怕批評。

不管是什麼人都會犯錯誤的，勇於承認錯誤或缺點只會贏得他人的讚賞。比如像：「我想，我心急了一點」、「我對剛才的氣話感到十分的抱歉」或者「我錯了」，這些誠懇道歉的話都是頗具感染力。

自尊心不是驕傲、不是自大，更不是缺乏自我批評精神。自尊心強的人不是認為自己比別人有優勢，而只是對自己有信心，相信自己能夠克服自己的缺點。自尊心不強的人，就會感到自己價值沒被人注意到、或自己本身有缺點，因此在心理上對自我及自己的社會行為產生否定影響。

並且，個人自尊心程度越低，就可能因孤獨而痛苦。在交往中，這樣的人事先肯定別人對他印象不佳。

而自尊心較強的人自主性也較強，較少接受暗示，他們對自己持肯定的態度，往往也能「接受」別人。

現代自尊心不強的青少年和成年人的典型特點就是「自我形象」和「自我看法」不穩定，他們比別人更想對周圍人「掩飾自己」，對周圍人做出某種「假面目」即「裝扮的自我」，不會主動去融入人群。久而久之，自尊心不強而導致產生自卑感。

當自卑的人在自我評價時尤其容易被刺痛，並且十分敏感。他們對批評、笑聲、否定等會產生病態的反應，他們在工作不順利或者發現自己有某種缺點時，特別感到難受。他們在周圍人對自己印象不佳時，比別人更多地感到不安，大多自卑的人都比較靦腆、心理容易孤立和經常想入非非等特點。

為此，自卑者只有對否定擁有正確的態度，才能提高自己的人生實力和自信。我們都知道，在自卑者身上，往往存在著許多問題和不足，如：不會處世、能力不強、缺乏生活樂趣等等。對這些問題和不足，必須正視其存在，並勇於去改正。任何忽略、迴避、掩飾的態度才是對自己最大、最根本的否定，這樣不能使問題自然化解，反而會使問題越來越多，越演越烈。

其次，能夠正視自己的不足並勇於去改正是對自己最大的肯定，這顯現了自己的積極、勇氣、樂觀、智慧的心理態度。在此過程中，我們無須為此感到自己的幼稚、差錯、無知而羞辱，這是任何人都難以避免的。相反，我們卻能透過它建立起支撐我們人生成功的內在素質，這也是建立自信的根本。

實際上，我們要善於看到自己的長處和優勢，這樣才容易想建立起自信。相信自己能夠自我實現、積極改變、積極實踐、自我改進、克服不足、提升自我，這樣優點越來越多，缺點越來越少（或對你人生的影響越來越弱），相當於在更高的層次上肯定了自我。我們可以對哲學上的否定之否定定律反其道而用之，那就可簡單概括為克服自卑的肯定之肯定定律：自我肯定—自我否定—自我肯定。

如果我們想依賴於一些所謂的外部標準來提高自己的感覺，如容貌和地位等，這樣只會適得其反。為了達到效果，我們會盡一切所能來維持自己的所謂「門面」，而不願在提高內在素質上下功夫。但是，一個真正有自信的人，能正視自己，總是面對現實，不必掩飾，勇敢地面對一切。

羅斯福是美國前總統，但是不幸的是，他在中年時患上了小兒痲痺，這時他做了參議員，在政壇上炙手可熱，遭此打擊，他差點心灰意冷，退隱鄉園。

發病初期，他一點也不能動，必須坐在輪椅上，但他討厭整天依賴別人把他從樓上抱上抱下，於是晚上就一個人偷偷練習。

有一天，他發明了一種上樓梯的方法，他告訴家人要表演給大家看。原來，他先用手臂的力量，把身體撐起來，挪到台階上，然後再把腿拖上去，就這樣一台階一台階艱難緩慢地爬上樓梯。他的母親見狀急忙阻止他說：「給別人看見了你這樣在地上拖來拖去的，多難看啊。」

羅斯福卻斷然地說：「我必須坦然面對這一切。」

讓我們揚起自信的風帆吧，不要因前途困難重重而放棄，要學會擁有自信，因為它是成功的關鍵。相信自己，相信「天生我才必有用」，莫讓美好年華付之東流，莫讓人生留有悔恨。

把自卑留給昨天吧，讓信心照亮明天！

# 好勝心也是自信的展現

不想當將軍的兵不是好兵，這句話出自拿破崙語錄。人生在世，就是一個不斷往上攀登的過程，人往高處走，水往低處流。如果沒有一顆好勝的雄心，就好比同逆水行舟，不進則退。

只有當我們有自信心時，才會產生一股好勝之心。在競爭激烈的現代社會，好勝早不是古語中所表達的貶義詞，相反沒有好勝的心態，是不能贏得成功的。好勝既是一種對成功的渴望，又是對自我能力的肯定。只要保持好勝的心態，就能在艱苦的環境中毅然地走下去，直到成功為止。

當有了好勝之心後，才會產生一股堅持到底、誓不低頭的決心。如果對於成功的渴望不那麼強烈，當遇到困難時便很輕易動搖，而導致半途而廢。只要我們抱持著一股對成功的極度渴望，就能激發出我們平時自己都發現不了的潛力，燃燒起內在的小宇宙，從而克服困難，到達勝利的彼岸。

一個人要取得成功，首先要有野心和抱負，是不是想做事情，有沒有想法；其次要做，必須實實在在地去做，且需要堅持和調整，真理是做出來的，不是想出來的，也不是等到的，事情在實踐過程中，就會發生變化並出現新的機會，當然機會遇也很重要，這對成功也很關鍵。

成功必備的一個心態就是好勝之心，但是要有一個理性的前提。瘋狂的、不切實際的好勝之心，是不健康的，容易使人走火入魔。

所以說，每個人一定要有好勝之心，而且要將其建立在真實、客觀基礎上。求勝是個人或集體上進的表現，沒有上進心，不求進取，只能如逆流中的小船，順勢而下，最終打翻在激烈的浪潮中。如果擁有好勝的心態和理性的野心，就意味著我們已經邁向成功的第一步了。因為理性的野心不但給你樹立了奮鬥的理想，更給你提供實現理想的動力和永不放棄的決心。讓我們趕緊行動起來吧，尋找屬於自己的一份求勝之心，分析一下自己的實力，為自己建立一個走向成功的平台吧。

# 信心讓你重新站起來

「信心是事業成功的保障」，這句話是很有道理的，只要自己相信自己，相信自己一定會成功，所有的難題就可以迎刃而解。

流傳百世的那些名人，有哪一個人的一生沒有遇到過挫折呢？但他們之所以能成為名人是因為：他們能在受到挫折時，抬起頭來奮力向前追趕。

正所謂：每個人都有高峰期，也有低谷期。當達到了高峰期時可以說走到了輝煌，但是走到了低谷也不要氣餒，要有信心能最大程度的挖掘自己的潛能。如果我們在低谷期還能想到高峰期，不再一味的傷心，這樣就等於向成功邁進了一步。

愛迪生是位家喻戶曉的發明家，他小時候學習非常不好，但是很喜歡科技小製作。青年時仍憑藉著信心堅持發明創造，我們現在用的燈泡，可是費了愛迪生浩大的一番工夫，他嘗試著在一千多種材料中挑一種最耐用的來製作燈絲，當時周圍的人們都取笑於他，但是愛迪生不顧周圍的輿論，堅持做實驗，終於發現了鎢絲最適合做燈泡的燈絲。他發明的燈泡讓全世界的夜晚不再黑暗，為人類的進步發展做出了巨大的貢獻，愛迪生因此也成為了世界上偉大的發明家。

海倫·凱勒美國著名的作家，但她一歲半就雙目失明了。可是她憑著對自己的信心，堅強的活了下去，又踏入中學校門，取得了很多成績。此後，她對她自己越來越有信心，並且被哈佛大學錄取。

信心是人獲得成功的法寶，更是事業取得成就的保障。但是，信心也要適度，過高的估計了自己就會不把別人放在眼裏，容易因此輕視別人。

「驕兵必敗」這個成語的意思想必大家都知道吧，我們要是自己過於自大，想必也會落得個驕兵必敗的結果。

三國時期的曹操率兵百萬，南下攻關，聽了龐統的話，建成連環船，自以為得計，站在船上對酒當歌，躊躇滿志，以為必勝無疑。結果，連中計謀，被蜀、吳聯軍打敗。

明末起義領袖闖王李自成，率領大軍攻陷北京，建立大順王朝。但李自成及其手下大將驕傲自滿，腐化墮落，爭名奪利，很快就被吳三桂打敗。

信心，不是盲目的自大，不是亂拍胸脯，而是智慧與才能的結晶。

只要我們不過分自信，還是對我們的人生會有一定幫助的。它可以使我們從平常走到輝煌；

可以使我們從絕望看到希望；可以使我們從暗淡走向光芒。可以說信心是一個人成功的保障。

有信心的人都相信這樣一句話：我想我能夠的，現在不能夠，以後一定會能夠的！信心是人生成功的奠基石，有了信心，才能達到自己所期望達到的境界，才能成為自己所希望成為的人。

每個人都希望自己能取得成功，比如：讀書的希望成績優秀；演戲的希望觀眾讚賞；上班的希望完成任務；經商的希望賺錢；從政的希望政績顯赫。可能有許多因素導致成功，但自信是其中必不可少的一個因素。就像愛迪生說的一樣：自信，是人們成功的第一秘訣。

信心，是建築在對前途充滿必勝基礎之上的。愛因斯坦的「相對論」發表以後，有人曾炮製了一本《百人駁相對論》，網羅了一批所謂名流對這一理論進行聲勢浩大的撻伐。可是愛因斯坦有信心自己的理論會勝利，對撻伐不屑一顧，他說：「假如我的理論是錯的，一個人反駁就夠了，一百個零加起來還是零」。他堅持研究，堅定了必勝的信念，終於在二十世紀，「相對論」成為世人矚目的偉大理論。

希拉斯是一位美國青年，他在工作中萌發了把數學模型用於企業成本管理的念頭。當時他只有專科的學歷，難以承擔這項研究重任。然而他確信此項研究的光輝前景，於是他邊補習高等數學，邊進行探究。這時他不僅困難重重，而且還遭到一些人的冷嘲熱諷，說他是「醜小鴨」。然而他一直對自己充滿信心，最終取得了成功。

可以看出，不懈的努力、必勝的信心是希拉斯成功的動力；冷靜的分析、刻苦的學歷同樣也是他美夢成真的伴侶。

信心與腳踏實地的學習同樣重要。歷史上無數成功的事例和經驗，證明了信心之於成功的重要；歷史上無數失敗的事例和教訓，也從反面證明了信心之於成功的重要。

盲目的信心是自大，要不得；而過度自卑完全喪失了信心，也要不得。試想每當做一件事情時，總是過分地誇大困難，總是對自己的力量估計不足，前怕狼，後怕虎，那怎麼能去迎接困難呢？

若我們想建立起成功的信心，只有先相信自己會成功。很多人沒有信心是因為自卑心理，自己認為自己不行，自己都放棄了希望，那麼又能期望從別人那裡獲得希望嗎？

相信自己是取得成功的基石，但這並不代表我們可以拒絕聽取別人的意見。誠然，我們應當堅持自己的信念，不為外人所干擾。但當別人是真誠地向你提出建議時，我認為我們應當虛心接受。

廣為人知的「滿招損，謙受益」，這句話就是指過度的信心會招致損失，而虛心地接受他人的意見則會得到好處，這就要求我們要學會正確處理相信自己與聽取別人意見的關係。

要充分地瞭解和認識自己，知道自己的能力和善長的方面，這樣才能做到相信自己而不盲目自信，謙虛地接受別人意見而不盲目聽從。如果在自己善長的方面充分地相信自己，而在不太瞭解的領域或是不太懂得的時候，適當地聽取他人的意見，結合自己的想法做出正確的判斷。

我們在人生的旅程中，會遇到各式各樣的困難，面臨著一次又一次的轉折。我們要對自己有著足夠的信心，如何邁出每一步都要我們自己做出抉擇，沒有人能夠幫助我們，我們必須依靠自己，必須相信自己踏出的每一步都是正確的，即使跌倒了，我們也要相信自己，因為信心是站起來的希望。但是，雖然我們不能依靠他人，但我們可以徵求他人的意見，聽取別人意見中有價值的地方，這樣更容易到達目的地。

我們在生活中要做到相信自己，不要丟失信心，信心是人能站起來的希望，在不遠處一定會看見彩虹。

# 經常讓自己充滿自信

我們要給自己設定一個目標，自信滿滿地去奮鬥，有奮鬥才有充實感。人生並非是一帆風順，它是一條充滿艱辛坎坷、曲折，充滿挑戰，充滿挫折的旅途。

當新的一天又到來時，你是否把自己定格在忙碌中？當太陽升起時，你是否把握住那每一縷陽光？有目標有自信的人，即使在忙碌中也能感受太陽的光芒，不會被生活所累，充滿的自信讓他們每天都過得有意義。

當然，一個自信的人，並非事事順心，事事如意，只是他知道怎麼在心靈上開一扇天窗，讓陽光從窗戶照進來。即便是陰雨天，他也善於給自己自信。因為自信，所以他一直都感覺到生活的美好！

現代社會，人才濟濟，我們只是其中很平凡的一員。雖然這樣，我們也不能因為自己渺小而喪失信心，要有信心與鬥志。縱然是要跋涉千山萬水，踏盡坎坷旅途我們也要以自信的態度去爭取所有；縱然前面是暴風驟雨，山洪猛虎降臨，我們也要在所不辭，百折不撓的去力爭上游。因為自信伴著我們上路，我們必會成功。

人生需要自信。自信者，可望獲得成功；不自信者，與成功無緣。

喬・吉拉德是美國有史以來最著名的銷售大王，但他出生在美國的一個貧民窟，比人們想像中的還要貧困，在很小的時候他上街去擦皮鞋補貼家用，最後連高中都沒有念完就輟學了。

他的父親總是打擊他，說他根本不可能成才，他曾一度失去自信，甚至有一段時間，他連說話都會變得結結巴巴。幸運的是，他有一個偉大的母親，常常告訴喬・吉拉德：「喬，你應該去證明給你爸爸看，你應該向所有人證明，你能夠成為一個了不起的人。你不能消沉、不能氣餒，你要相信上帝對人是公平的，機會在每個人面前都是一樣。」

在母親的鼓勵下，他又重新建立起了信心，更加想要獲得成功，從此他變成一個有自信的人！就這樣，一個不被看好，而且揹了一身債務幾乎走投無路的人，竟然在短短三年內被金氏世界紀錄稱為；「世界上最偉大的推銷員」。而且，至今還沒有人能夠打破他平均每天賣六輛汽車的空前紀錄！並且，歐美商界一直稱他為：「能向任何人推銷出任何產品的傳奇人物」。

我們能夠從他那傳奇式的人生當中看到：人生需要自信！下面還有同樣的一個例子也可以很好地證明這一點。

原一平被譽為日本推銷之神，他的成長生涯中也是受盡磨難。原一平長得身材矮小，二十五歲當實習推銷員時，身高僅一百四十五公分，又小又瘦，橫看豎看，實在缺乏吸引力，可以說是先天不足。

然而，原一平並沒有被這一切打垮，相反的他越挫越勇，內心經常燃燒著一把「永不服輸」的火焰，憑著「我不服輸，永遠不服輸！」、「原一平是舉世無雙，獨一無二的！」的超自信自強心態，成功地用淚水和汗水造就了一個又一個的推銷神話，最終成為日本保險推銷史上的傳奇人物。

可以說，自信是英雄人物誕生的孵化器，但是自信不僅僅造就英雄，也成為平常人人生的必須，缺乏自信的人生，必是不完整的人生。

朋友們，請記住：一定要充滿自信，因為人生需要自信，自信讓人成功。

很多事實證明，自信是成功者所共同具備的品質，也是一個人獲得成功的重要因素。在生活中，不要怕被別人擊倒，最可怕的是自己把自己擊倒，這樣就對自己完全沒有希望了。只有擁有自信，才能避免「自己把自己擊倒」。

自信不僅能改變周圍的環境，還能改變自身的情況。下面就講述了一個典型的例子：

有一次，一位心理學家去了一所中學，他從某個班級中挑選出一個最愚笨、最不惹人喜歡的女同學，並要求她的同學們改變以往對她的看法。因而，大家都爭先恐後地照顧這位女同學，向她獻殷勤，陪她回家，大家以假做真的打心裏認定她是位漂亮聰慧的女孩。

結果，不到一年，這位女同學整個人變了個樣子，連她的舉止也和以前判若兩人。她對人們說：她覺得她獲得了新生。但是，她並沒有變成另一個人。不過，我們從她身上卻可以看出，每個人都蘊藏的潛質。如果我們想讓它表現出來的話，就必須周圍的所有人相信我們，同時自己也要相信自己。

由此可見，自信能夠創造奇蹟。

自信不是任何人都具備的，也不是天生的。有時候就算人們一開始懷有一份自信心，但經過一番生活折騰，嘗到一些生活的苦辣酸甜，有人就自慚形穢起來。

還有人竟然學會了如何自己貶低自己，以此來預防生活的失敗。他們認為，滿懷自信是很危險的，人越自信就越容易碰釘子，也就越容易成為眾矢之的，所以夾著尾巴過日子是最好不過的了。

而且，還有人從小就失去了自信。因為小時候，大人們總是這樣訓斥他們：「瞧，你這個笨蛋、傻瓜、窩囊廢，將來頂多是個掃大街的！」久而久之，他也就真的認同了這些話，以後稍微碰上個小失敗，他就會這樣寬慰自己：「反正我從小就是一個笨蛋和窩囊廢，怎麼成功呢？」

其實，這兩種人的想法都是錯誤的，這樣只會讓自己越來越失敗。讓我們都自信起來吧，這樣可以讓生活變得更加美好！

在我國的高中生中，經常會有這樣一種普遍現象：在教室後面，永遠坐著一群似乎是被遺忘的學生。他們不管上課還是下課都東張西望、雙眼茫然、凝神遐想、交頭接耳、竊竊私語……經過幾年上學的「洗禮」，他們的知識庫出現了嚴重的赤字，逢考必敗。

每當考試分數出來時，他們或自怨自艾，或怨天尤人。他們的自信心已跌入谷底，不復存在了。在他們的世界裏，沒有和煦的春風，沒有暖和的冬陽，沒有燦爛如花的笑容；有的是寒潮霧靄，令人窒息的黑暗，冷如冰霜的愁緒……他們的生活色調不再斑斕，襲擾周遭的除了灰色，還是灰色；除了陰霾，還是揮不去的陰霾。

「好風憑藉力，送我上青雲。」這句話是那些學習上遊刃有餘，前程似錦的學生寫照，而他們是永遠不敢奢想。成績優異的學生可以笑傲考場，春風得意，備受老師青睞，但對於那些生活在苦悶、憂鬱中的學生來說，似乎永遠是個遙不可及的神話。

面對這種現象，我們不得不反思，究竟什麼可以拯救這些學業陷入泥沼的學生。其實，答案很簡單，就是讓他們自己重新建立起自信心。只有他們自己，才能自我拯救。

可以說，真的有自信的人，敢於面對慘澹的人生，敢於挑戰千難萬險。杜牧詩云：「江東弟子多才俊，捲土重來未可知。」陷入低谷的學生們，請點燃心中希望的火炬，請揚起自信的風帆吧！

讓我們揚起自信的風帆，勇敢地向前進吧，這樣的黑夜就可以遠離我們，朝陽必會迎面而來；揚起自信的風帆，讓愁容遠離我們，讓歡歌笑語為我們的青春伴奏；揚起自信的風帆，讓我們揮動起理想的雙櫓，將自己的一葉小舟輕輕的、穩穩的駛向成功的彼岸。不知不覺中，激流、濁浪、暗礁……已經被遠遠地拋在後面了。

「自信人生三百年，會當擊水三千里」。擁有自信，奮力拚搏，成功就是這麼簡單。

# 第六章　戰勝挫折，向前走要拋棄悲傷情緒

人生路上，難免遭遇挫折，此時的我們不要悲傷，相信苦難與挫折是一所「大學」，豐富著我們成長。拋棄悲傷之情，尋找一個新希望，努力奮鬥，你會很快忘記失敗的痛苦與徬徨，重新展現出生命的活力。

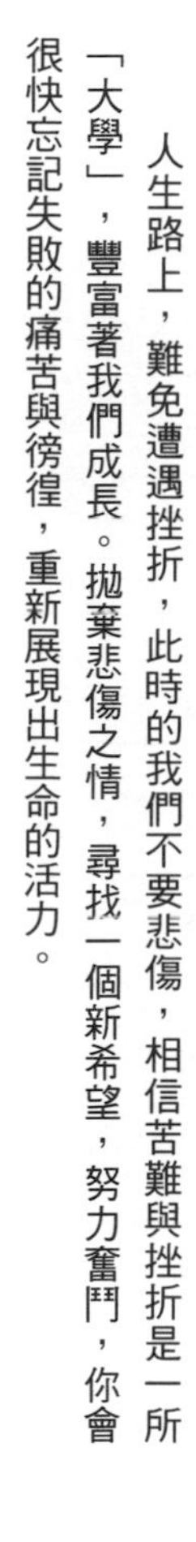

# 別為昨天流淚

要知道世上沒有失敗是註定的，只有因放棄而失敗的。就像隆冬的酷寒無法扼殺生命的搏動，艱巨的困難無法摧毀我們的力量。面對挫折時，調整好心態，轉換成另一種態度，我們將擁有全新的一切。懷著一顆感恩的心，別為昨天流淚，別為過去而悔恨不已，才無愧於我們的人生！

很多時候，我們明明是站在今天，卻總是會回首昨天，對逝去的昨天總是念念不忘，這樣說並不是因為昨天和我們無關，而是很多時候，為了自己能夠生活的更好，就不要總是對昨天念念不忘。不管昨天的你是成功的還是失敗的，都已經成為過去式，儘管它會對你的今天和明天有所影響，但已不能成為最終的決定因素。所以，我們要嘗試著忘記昨天，尤其是不能為昨天而流淚，因為明天將會是嶄新的一天。

我們能夠做到今天不為昨天流淚，最好辦法就是不做會讓自己後悔的事。

而且，想要獲得成功就要做到未雨綢繆，這樣將來才不至於為了昨天的失誤而後悔不已。

如果昨天發生了你無法阻止的事情，就不要讓它影響你的情緒，要把注意力集中到明天新的事情當中，這樣才能有新的機會。如果把精力用在為過去的昨天而後悔上，那麼你將一事無成。

在每個人手中，昨天、今天、明天哪個是最重要的呢？

其實，你正在度過的今天是最重要的，昨天已經過去了，而明天還未到達，只有今天才是把握在你自己手中的，今天你的作為是決定自己成敗的關鍵。如果活在過去的陰影中而走不出來，那成功便不會降臨在你的身上。相反，如果你用積極的態度面對今天，甩掉昨天的包袱，不去奢望明天，這樣成功的機會才會更大。

如果昨天的你是輝煌的，請不要陶醉其中，因為那已是過去式。只要今天的你不好好努力，一直沉浸在昨天當中，你就有可能從成功的高處跌落下來。

如果昨天的你是失意的，請不要為它流淚，因為它已經成為歷史。只要今天的你好好努力，就有可能會迎接新的成功。

我們每個人都要明白這個道理：不管昨天的你是什麼樣子的，永遠不要被它牽絆，把握今天才是最重要的。

我們在日常生活中遇到挫折時，常發出這樣的感慨：「人生不如意事常十有八九」。的確，縱觀芸芸眾生，有誰能一生都活得春風得意，一帆風順，無波無浪？答案是否定的。每個人的世界背後總有殘缺，命運就如一葉顛簸於海上的小舟，經常會遭受波濤無情的襲擊。因此，我們應學會忘記，忘記過去生活中不如意事帶給我們的陰影，不要常常為昨天流淚。並且我們不能有這樣的想法：「想要把你忘記真的好難」，也不能固執的搖著頭說：「痛苦的往事沒法說忘就忘」。

其實，我們不妨退一步想一想，給人類帶來光明的太陽也有黑子，給我們以陰柔之美的月亮也有陰晴圓缺。既然，萬物都是如此，又何況是我們渺小的人類呢？這樣想也許就能漸漸地擺脫昨天的陰影，坦然地面對今天的自己，微笑地迎接明天的生活。

也許我們曾經躊躇滿志，豪情萬丈，想大展宏圖，而生活的道路卻總是崎嶇不平；也許我們樂於平凡，甘於淡泊，嚮往寧靜以致遠，而生活的海洋卻總是不時揚起風浪。於是，我們會因為很多不如意的事而感到徬徨、失意和痛苦，而所有的這些煩惱，其實都是我們自己造成的，主要一個原因就是我們沒有學會「忘記」，總是對那傷心的昨天念念不忘，對過去的不如意耿耿於懷。因此，今天的我們就被憂傷給佔據，並在不知不覺中與寶貴的今天失之交臂。

既然我們想要獲得成功，就不可避免地會遇到失敗。因此，我們應學會忘記失敗的昨天，不能只會為昨天哭泣。不要總把命運加給我們的一點痛苦，在我們有限的生命裏拿來反覆咀嚼回味，那樣將得不償失，百害而無一利。味的緬懷和沉醉其中，只能使我們意志薄弱，長此以往，必然導致我們錯失時機以至一事無成。如此下去，我們的痛苦只會與日俱增。

某位教授在一次關於生活藝術的演講中，拿起一個裝著水的杯子，向在座的聽眾問說：「猜猜看，我手中的這個杯子有多重？」

大家紛紛猜測說：「三十公克」、「七十五公克」、「一百公克」……

「其實，我也不知道有多重，但我拿著它一點也不覺得累。」教授說，「現在，我想問大家，如果我這樣拿著幾分鐘，會有什麼樣的結果？」

大家回答說：「不會有什麼。」

教授再次發問：「如果像這樣拿一個小時，又會怎樣？」

有人回答說：「手臂會有點酸痛。」

「說得對。如果我這樣拿著一整天呢？」

另一個人說：「手臂肯定變得麻木，肌肉說不定會痙攣。」

「很好。在我手拿杯子期間，不論時間長短，杯子的重量會發生變化嗎？」

「沒有。」大家回答說。

「那麼拿杯子的手臂為什麼會酸痛呢？肌肉為什麼可能痙攣呢？」教授頓了頓又問說：「我

不想讓手臂酸痛、肌肉痙攣，那該怎麼做？」

又有人回答說：「您不如把杯子放下，這樣就可以了。」

「正是。」教授說道，「其實在某種程度上來說，我們在生活中遇到的問題有時就像我手裏的杯子，拿幾分鐘沒事。但是，如果長時間的不願將它放下，它就很可能讓你筋疲力盡。長期下去，你的心理必定承受不了這樣的重負，到那時你就會徹底崩潰了。」

你的手中是否在拿著昨天失敗的杯子、挫折的杯子、懦弱的杯子呢？如果我們不能學會適時地放下這些杯子，就不會輕鬆的面對生活。放下，就是忘記，就是為了明天更好地拿起。

朋友，當你拿起人生中的杯子的時候，有沒有坦然地放下過呢？

生活中的問題固然要重視它，不能忽視，但不能老是拿在手上。不要總是惦記著它，要適時地放手，讓自己放鬆放鬆；不然，不知不覺間你會被它壓垮。

忘記昨天，是為了有一個嶄新的今天。當我們為一時的得失所羈絆時，懂得應該怎樣讓慘敗的昨天變成凱旋的明日必會成功。

忘記昨天的煩惱，你可以輕鬆地面臨未來的再次考驗；忘記昨天的憂愁，你可以盡情享受生活賦予你的樂趣；忘記昨天的痛苦，你可以擺脫糾纏，讓整個身心沉浸在悠閒無慮的寧靜中，體味人生多彩多姿的繽紛。

忘記他人對你的傷害，忘記朋友對你的背叛，忘記你曾有過被欺騙的憤怒、被羞辱的恥辱，你會覺得你已變得豁達寬容，你已能掌握住你自己的生活，你會更加主動、有信心，充滿活力去開始全新的生活。

在人生的旅途中，遇到磨難是必須的，就像一句歌詞寫的一樣：「不經歷風雨怎麼能見彩虹，沒有人能隨隨便便成功。」

朋友們，請銘記把握今天，別為昨天而流淚吧！

# 人生沒有草稿

有句話說的好：「人生沒有草稿，決定了就不要後悔！」

傑克和威廉姆斯是同班同學，兩人同時報名參加了英語演講，但是只能從他們兩人中選一個代表他們班參加比賽，因而在一節英語課上，老師開始了唱票。

「傑，傑，傑，威，威，威……」唱票的同學忙得不亦樂乎，傑克卻緊張的手心出汗。在唱票的短短幾分鐘，傑克卻像熬過了漫長的一夜，時間走的是如此之慢。唱票結束完，傑克鬆開矇在眼睛上的手看去：差距懸殊！有十票的差距，而輸的人正是傑克。全班六十雙眼睛都一眨不眨地看著傑克，那夾雜著可惜、幸災樂禍、好奇的目光將傑克搞得面紅耳赤，還有人小聲的說了句：「自不量力！」

傑克鼻子一酸，失落而不甘心的淚水便爭先恐後的湧出。傑克不明白：「為什麼有人說我不自量力，我的努力他們沒看見嗎？我是否該後悔？」

當傑克決定報名參賽時，傑克的同桌很不屑的說：「別後悔哦。」

但傑克信心的說：「只要我決定了，我就會做到底，做得完美！」

此時，有人安慰傑克說：「別哭了，人家本來就是上過英語俱樂部的人，你一個業餘選手怎麼能跟他比呢？」

傑克沮喪地趴在桌上，就像一具死屍，一點生氣也沒有。傑克覺得當時的決定是錯誤的，甚至他還覺得有點兒後悔了。

但是，第二天下午的英語課上課前，老師宣布了一個好消息：「鑒於有的班上英語水準較高的同學比較多，學校又增加了幾個名額。」

頓時，全班的掌聲雷鳴般響起，這就意味著傑克也可以參加比賽了，傑克不禁感覺自己是天下最幸福的人，之前的努力沒有白費！

事後有人再問傑克：「你後悔嗎？」

「不後悔了！」傑克興奮地說道。

故事中的男主人從備賽前的信心滿滿，並揚言不後悔變為失敗後對決定的動搖，就好比把人生當作了一份草稿，可以隨時後悔。

每個人總希望自己人生的畫卷是完美無瑕的，但是往往都不是事如人願的。既然如此，當我們做好一個決定時，就要不後悔，即使失敗了也無憾。

鮮花會因看似不對稱的花瓣而更有情調，美玉會因一絲瑕疵而更加真實，其實人生何嘗不是如此呢？

我們的人生不是一份草稿，我們的每一筆都無法改變，不要苛求人生完美，決定了就不要後悔。即使失敗也能帶給我們人生的另一種閱歷，這樣會讓我們的人生更加沉澱、更有底蘊！

由於貝克漢在倫敦申辦二〇一二年夏季奧運會的過程中做出積極貢獻，因而在英國體育產業大獎的頒獎大會上，獲得了英國體育產業傑出貢獻獎。而本賽季結束後，他還將繼續為英國體育做出積極貢獻，他將前往美國聯盟，在踢球的同時繼續自己英國體育文化大使的使命。

在星期五的一次採訪中，貝克漢向媒體吐露了自己的心聲：「我在本賽季很有可能奪不到任何錦標，但是即使這樣，我也對自己的皇馬生涯無怨無悔。」自從二〇〇三年從曼聯加盟銀河戰艦，貝克漢還沒有和球隊一起獲得一次聯賽冠軍。而本賽季結束後，他將結束自己在歐洲的足球生涯，轉投美國的洛杉磯銀河隊。

雖然這名三十幾歲的老將認為即使這幾年沒能獲得冠軍，也不會改變二〇〇三年轉會的想法。貝克漢說：「在皇馬沒能獲得什麼錦標確實讓人感到意外，球隊擁有很多世界上最優秀的球員，尤其在我剛加盟的那一年。球隊有齊達內、菲戈、卡洛斯、勞爾以及很多球星。我也不明白為什麼沒能獲得任何冠軍，但我絕對不會因為轉會到西班牙加盟皇馬而感到後悔。」

「沒能取得勝利只是很多你不能解釋的事情之一，但我很享受在這裡的時光，我也很喜歡這裡的球迷。」貝克漢接著說。

貝克漢在這個賽季最為失意，不僅在俱樂部不受卡佩羅的重視，失去了主力位置，麥克拉倫根本不給他入選國家隊的機會。而且，正當他找回了在皇馬的位置後，卻又遭受膝傷困擾，這將讓他缺席兩週以上。

貝克漢並不認為離開歐洲五大聯賽是職業生涯的倒退，他更看重的是享受足球宣傳和推廣足球運動，他的另外一份工作是推廣世界的足球運動。

「我認為這個時候是來美國的最佳時機，我什麼事都經歷過了，我並不擔心美國足球的水準。」貝克漢說，「很多只是觀念上的差異，但對我來說，是到了該離開的時候。我不想在我足球生涯的最後階段還接受其他的挑戰了。我想去能有所改變的地方，在那裡我將展示我的野心。」

貝克漢去美國聯盟時將年過三十二歲，他已經不希望再挑戰自己了；推廣足球，宣傳足球將是他職業生涯末期的重要工作。他說：「在那裡不只是踢球，我還將擔起的是一種足球大使的作用，在美國聯盟或者世界的其他地方。」

不因過去的失意而後悔，當我們向前走而拋棄昨天的悲觀情緒時，會發現人生新希望又被點燃了。

地球每一天都在不停的運轉，成功的人則會像上緊發條的玩偶一樣，奔向自己的心中目標。

曾有一位著名的心理學教授給學生們出過這樣一道選擇題：A、只讓自己站在原地，不上緊發條；B、雖然不知道前路如何，但仍然上緊發條向前邁步。有一位同學則毫不猶豫地選擇了B，同時他還說了一句：「我相信盡力則無悔。」

十幾年後，這位同學成了一位成功的企業人士。

在小的時候，老師、父母經常教育我們：「一個人是應該有自己的志向的。」志向是我們開往夢想之船的燈塔，照亮我們前進的方向。

當我們邁出人生的第一步時，我們人生的船便開始起航了。海面表面是平靜的，但是卻暗藏著危機。我們會飽經風吹雨打，也可能由於裝備不全，糧食不足而導致航行失敗，又重新返回了起點。

我們是否要為這次起航而後悔呢？並不需要，因為回來的我們，已經不再是過去剛出發時的自己了。我們身上多了傷痕，心中多了經歷與勇氣。到達目的地之前，再多的風雨只是在我們到達幸福快樂前的考驗。返航是為了存足經驗再出發，道路不通則另外尋找新的道路開往目標。這條路上充滿礁石，會使我們跌倒，也會使我們走錯路，但是如果我們懂得再爬起來，懂得再重新出發，這樣會使我們成長得更快。失敗，也有被我們不斷的努力而打敗的一天，那時我們就更接近目的地了。

有自己奮鬥目標的人是幸福的，即使在奮鬥的過程中會有失敗，但我們仍然能從中獲益不少。事情的結果固然是重要的，但其實，過程才是最重要的。

我們不要害怕付出，不要害怕失敗，既然已經決定了就去實行，人生不是一份草稿，可以隨意更改。讓我們一起勇敢的為希望與夢想奮鬥吧！即使是挫敗了，還可以說：「至少我努力過！盡力則無悔啊！」

# 每個人都會遭受挫折

勞埃德公司是英國一家著名的保險公司，這家公司曾從拍賣市場買下過一艘船。這艘船一八九四年下水，在大西洋上曾一百三十八次遭遇冰山，一百十六次觸礁，十三次起火，二百零七次被風暴折斷桅杆，然而它卻從沒有沉沒過。

由於這艘船不可思議的經歷，以及在保費方面帶來的可觀收益，勞埃德保險公司基於最後利益，決定把它從荷蘭買回來捐給國家，現在這艘船就停泊在英國薩倫港的國家船舶博物館裏。

不過，卻是一名來此觀光的律師使這艘船名揚天下的。當時，他剛打輸了一場官司，委託人也於不久前自殺了。儘管這不是他的第一次失敗辯護，也不是他遇到的第一例自殺事件，然而每當遇到這樣的事情，他總有一種深深的自責感。

有一天，當他來到薩倫船舶博物館，看到這艘船時，忽然有一種想法，為什麼不讓委託人來參觀參觀這艘船呢？於是，他就把這艘船的歷史抄下來，和這艘船的照片一起掛在他的律師事務所裏，每當有商界的委託人請他辯護，無論輸贏，他都建議他們去看看這艘船。讓他們明白：在大海上航行的船沒有不帶傷的，這時就看你的意志是否堅定了。

的確，正如航行在大海上的船，在人生的征程中每個人都會遭受挫折。

在德國的一家造紙廠內，有一個造紙工人在工作時不小心弄錯了配方，生產出了一批不能書寫的廢紙，因此他被老闆解雇了。

因為失業，他灰心喪氣、愁眉不展。此時，他的一位朋友勸他說：「任何事情都有兩面性，你不妨變換一種思考看看，也許能從錯誤中找到有用的東西來。」

於是，他發現這批製造出來的廢紙可以吸乾家庭器具上的水分，吸水性能相當好。接著，他把紙切成小塊，取名「吸水紙」，拿到市場去賣，竟然十分暢銷。後來，他申請了專利，並因此發了大財。

下面還有一個故事也講述了同樣的一個道理：

由於，巴雷尼在小時候生了一場大病而殘疾了，母親的心就如同刀割一樣，但她還是強忍住自己的悲痛，因為她知道孩子現在最需要的是鼓勵和幫助，而不是媽媽的眼淚。

於是，她拉著巴雷尼的手說：「巴雷尼，你能夠答應媽媽一件事嗎？媽媽相信你是個有志氣的人，希望你能用自己的雙腿，在人生的道路上勇敢地走下去！」

聽到母親的話，巴雷尼「哇」地一聲，撲到母親的懷裏大哭起來。從此，只要母親一有空就陪巴雷尼練習走路，做體操，常常累得滿頭大汗。有一次她得了重感冒，但是她為了做到以身作則，儘管發著高燒，還是下床按計畫幫助巴雷尼練習走路。黃豆般的汗水從母親臉上流下來，她擦完汗水後仍然咬緊牙幫巴雷尼完成了當天的鍛鍊計畫。

在母親的幫助下，鍛鍊彌補了殘疾給巴雷尼帶來的不便。母親的榜樣作用，更是深深教育了巴雷尼。同時，他還刻苦學習，成績一直在班上名列前茅。最後，以優異的成績考進了維也納大學醫學院。大學畢業後，巴雷尼致力於耳科神經學的研究。最後，終於在自己的努力下，登上了諾貝爾生理學和醫學獎的領獎台。

由此，我們可以深深地體會到，遇到挫折不要緊，即使被挫折壓趴下了也無所謂，關鍵是有沒有跌倒後再爬起來的那股勇氣。

人生就好比一條漫長的旅途，其中有平坦的大道，也有崎嶇的小路；有燦爛的鮮花，也有密布的荊棘。在這旅途上每個人都會遭受挫折，而生命的價值就是堅強的闖過挫折，衝出坎坷！跌倒時，不要乞求別人把你扶起；失去時，不要乞求別人替你找回，只有一切靠自己才能取得最後的成功。

即使生活有一千個理由讓你哭泣，你也要拿出一萬個理由笑對人生。如果我們保持「不管風吹雨打，勝似閒庭信步」這樣一個心態，就能憑著自己破釜沉舟的鬥志風雨兼程，就能憑著「可上九天攬明月，可下五洋捉鱉」的豪情勇往直前。

**我們要平靜地接受得失，要從容面地面對環境。路就在腳下，不管過去多麼暗淡，不管未來多麼輝煌，一切的過去都以現在為歸宿，一切的未來都以現在為起點！**

每一個人都會遇到挫折與失敗，我們不如留一個微笑給挫折，它便會悄然轉身離去；再留一個微笑給失敗，它會成為推動你前進的動力；還可以再留一個微笑給黑暗，它會引領你去追趕新的明天。留微笑給過去的昨天，會成就你美好的將來。

學會微笑吧！面對挫折吧！它是我們迷惘時波濤般的勇氣，是我們失落時靠山般的慰藉，是我們炎熱時涼爽的清風，是我們寒冷時溫暖的爐火！

# 增強自己的「抗挫折力」

曾經有一個偉大的蘇格蘭國王羅伯特・布魯斯在被可惡的叛徒驅逐出來後，以蜘蛛為榜樣，克服了重重困難，回到了他自己的王國。

他為了把他的王國奪回來，打了許多仗，卻一次又一次的失敗。最後他開始認為這一切都是白費力氣，他想放棄，不再奮鬥。就在那時，有天清早他醒來，躺在床上，看見一隻蜘蛛在結網。這蜘蛛正要把一根絲從屋子的一頭牽到另一頭，牠試了十二次，十二次牠都失敗了。十二次絲斷，牠掉到地上，十二次牠又爬起來再試。牠不肯放棄，而是堅持下來，第十三次牠終於成功了。國王看到這一切，深深被這隻蜘蛛的精神給折服了，他對自己說：「雖然我失敗了這麼多次，為什麼我不能再堅持努力呢？誰敢說我最後不能成功？」他的精神又再次振作了，透過努力終於打敗了仇敵，重新回到他的國家當上了國王。

人生在世，一定會遇到挫折。面對挫折，不同的人會選擇不同的態度去對待，會以不同的方式去處理，也就導致了不同的結果。

從「欲登太行雪滿山，將渡黃河冰滿川」這兩句古詩中，我們可以看出不能把挫折放大，這樣就沒辦法提高自己的抗挫能力了。經受過大挫折並能從中吸取教訓的人，就能從容面對小挫折；但是從來沒有受過挫折的人，稍有不如意就會產生激烈的情緒反應，因而我們要提高自己的抗挫能力。

抗挫折力就是指一個人對待挫折的承受能力。抗挫折力的大小，與人的經歷有關，也與人的意識、意志有關。一個能夠正確對待挫折，意志比較堅強的人，在不如意面前，情緒波動相對就比較少，挫折耐力則相對比較高。

生活好比大海一樣，海面不會總是風平浪靜，有時也會有狂風暴雨，有時還會有逆流漩渦，而我們則如其中的一葉扁舟，不斷遇到波浪的衝擊。因此，提高自己的「抗挫折力」是至關重要的。特別是青少年學生就要不斷提高自己的抗挫折能力，為步入社會做好準備。

那麼，該如何提高我們的抗挫折能力呢？我們要用積極的態度去面對困難和挫折，盡可能地不被挫折擊倒，就算是被擊倒了也要爬起來。要記住：「自古英雄出磨難，從來紈絝少偉男」這句話。遇到挫折能爬起來我們就能得到經驗，如果爬不起來將意味著失敗。因此，面對挫折不妨採取一些措施：對自己能承受的挫折自己承受，承受不了的，可以找信得過的朋友、同學幫忙解決，說不定能解決大問題。總之，如果我們想要獲得成功，就要千方百計地抗擊挫折，讓抗挫折能力在打敗挫折中獲得。

首先，要想有很強的抗挫能力，最好從小開始培養，不能僅僅培養溫室裏的花朵，當人們長大後承受能力和抗挫折能力自然隨著經歷的豐富也會增強。

其次，學校也承擔著重要的職責來培養孩子的抗挫折能力。學校必須有意識地針對每個學生的特點，因地制宜，幫助學生增強抗挫折能力、提高心理承受能力。在此同時，有意識地提高教師對抗挫能力有關方面的認識也十分關鍵。只有認識提高了，才有可能創造性地開展工作。

最後，每個人自己在提高自身抗挫折能力方面，應該充分發揮主觀能動性。要從自身找原因，從根本解決問題。

西方國家的教育很注重自立，當一個剛剛學會走路的小孩突然跌倒，國外的家長會鼓勵孩子勇敢地自己站起來，而不會過多理會孩子的哭聲。事實上國外的孩子摔倒之後很少哇哇大哭，因為他們非常清楚哭是一點用都沒有的，這樣的孩子長大了，就很明白一切都要靠自己。再來看看我們國內的家長遇到這個情況的反應，絕大多數會在孩子大哭的幾乎同時，衝上前去抱起孩子，在確認沒有大礙之後，則會在好言相勸的同時，去尋找替罪羔羊──或人、或物，未必是真的造成孩子摔倒的原因，打上幾下，以安慰孩子。雖然這樣可以暫時制止住孩子的哭泣，卻為孩子以後缺少承受能力、善於逃避責任、沒有抗挫能力埋下了伏筆。

英國哲學家培根說過：「超越自然的奇蹟多是在對逆境的征服中出現的。」巴爾扎克也曾說過：「挫折和不幸，是天才的進身之階、信徒的洗禮之水、能人的無價之寶、弱者的無底深淵。」我們可以從中看出一個道理，適度的挫折具有一定的積極意義，人們可以在壓力下提升自己的能力和實力，從而創造出更為奪目的成功。

開普勒德是著名的天文學家，他在母親腹中只待了七個月就早早來到了人間，從童年開始他便多災多難。

他一直疾病纏身，天花把他變成了麻子，猩紅熱弄壞了他的眼睛，一隻手又半殘了。但他憑著堅強、堅毅的品德發奮讀書，成績遙遙領先於他的同伴。後來因父親欠債使他失去了讀書的機會，他就邊自學邊研究天文學。在以後的生活中，他又經歷了多病、良師去世、妻子去世等一連串的打擊，但他仍未停下天文學研究，終於在五十九歲時，發現了天體運行的三大定律。他在挫折面前並沒有低頭，把一切的困難都化作成前進的動力，終於摘取了科學的桂冠，成為「天空的立法者」。其實，在我們經歷一定的挫折之後，才能提高我們的抗壓能力和抗挫能力，不經歷風雨哪能彩虹。這樣，我們就能獲得事業的成功，並且自身抵禦風浪的能力也得到了提升。

挫折也是財富，它是閱歷，它是個人素質再上新台階的基礎。

# 從失敗中爬起來

「失敗是成功之母。」這句流傳千古的話還是很有道理的。在通向成功的路上，失敗幾乎是難以避免的，但對奮鬥者來說：失敗就意味著向成功又邁進一步。

任何事情的成功，無不與失敗有著千絲萬縷的關係。

大多數人一遇到失敗，就常常沉浸在沮喪之中、痛苦之中，從而失去了信心，有的甚至還放棄了反敗為勝的機會。難道一味的痛苦，就能反敗為勝嗎？難道一味的痛苦，就能改變失敗的事實嗎？回答是必然否定的。因此，只有堅強地面對失敗才能從失敗中看到成功的希望。

成功與失敗就像一對雙胞胎，是同時存在的。當你成功的時候，有著將要面對失敗的危機；當你失敗的時候，也有著將要成功的希望。我們是會成功還是失敗，主要取決於我們如何對待它們。

歷史上的很多例子都能很好地說明這點。越王勾踐就是在十年的臥薪嚐膽後，攻下了吳國的；愛迪生耗時十年，經歷五萬多次失敗，才製造出世界第一盞電燈。這樣的事跡不盡其數。

英國物理學家威廉・湯姆遜也曾說過：「我堅持奮鬥五十五年，致力於科學的發展，用一個詞可以道出我最艱辛的工作特點。這個詞就是失敗。」可以說，奮鬥中的失敗就是一切成功之士登上頂峰的階梯。

對奮鬥者來說：失敗就意味著向成功又邁進一步。成功與失敗是一個共同的整體，而失敗則是整體中不可缺少的一部分。因此，我們應當正確看待失敗與成功；面對失敗不要悲觀，不要氣餒，即使一切重新開始，只要能找到正確的方法，就能獲得成功。面對成功也不要驕傲自滿，忘乎所以，要總結成功的經驗，去迎接下一個挑戰。

今天的失敗是新的探索開始，並不是真正意義上的完結。有的人一輩子都活得戰戰兢兢，因為害怕失敗而不敢行動。這種人雖然遇不到失敗，但是也遇不到成功。他們活了大半輩子都不知自我有多大的本事，都沒有真正享受過成功時的喜悅。因為他們從來沒有行動過，沒有努力過，為了追求屬於自己的幸福而努力，為了實現自己的夢想而奮鬥。

即使做事失敗了，但是走錯了一步也遠勝於原地不動的人。

貝多芬有句名言：「乞求失敗！」

為什麼會要乞求失敗呢？因為，每當失敗降臨，你不退縮拚命去克服，你更會發覺自己能力有所增長。就如「失敗是成功之母」這句話的道理一樣，失敗是你增長智慧、獲得經驗的最佳途徑。失敗在悲觀者的眼裏是災難，在樂觀者眼裏是一種經驗。有失敗的考驗，才會更加成熟；有失敗的痛苦，才有成功的喜悅！

失敗使生活波折，但是我們從其中更能學到一些寶貴的東西。亂世造就英雄這句話還是不無道理的，過於順利的環境並非是好事，也許只會扼殺人的才華。但是，首先我們自己必須覺得自己是有價值的人，這樣你才有可能會變成有價值的人。其次，誰人無過呢？當我們犯了錯誤時，不要一味的逃避，要設法去解決它。

有時候，很多人還會告訴自己：「我已經嘗試過了，不幸的是我失敗了。」其實，他們並不瞭解失敗的正確含義，當失敗時無法從原地再次爬起時才是真正的失敗。

我們很多人的一生都不是一帆風順的，難免會遭受挫折和不幸。但是成功者和失敗者非常重要的一個區別就是：失敗者總是把挫折當成失敗，從而使每次挫折都能夠深深打擊他追求勝利的勇氣；成功者則是從不言敗，在一次又一次挫折面前，總是對自己說：「我不是失敗了，而是還沒有成功。」一個暫時失敗的人不會灰心喪氣，那麼他還會有成功的一天。相反的，如果他沒有從這次失敗吸取教訓，還失去了再次戰鬥的勇氣，那就是真的失敗了！

梅西是美國知名的一位百貨大王，他一八八二年生於波士頓，年輕時出過海，之後開了一間小雜貨店，賣些針線，小雜貨店很快就倒閉了。一年後他又另開了一家小雜貨店，仍以失敗告終。

梅西在淘金熱席捲美國時，在加利福尼亞開了個小飯館，本以為是穩賺不賠的買賣，豈料多數淘金者沒有淘到什麼金子，也沒有錢吃飯，這樣一來，小飯館又倒閉了。

梅西並沒有灰心喪氣，他回到故鄉之後，又滿懷信心地做起了布匹服裝生意，可是這一回他不只是倒閉，而簡直是徹底破產，賠了個精光。

此時的梅西還是不死心，他又去新英格蘭做布匹服裝生意。這一回他時來運轉了，他買賣做得很靈活，甚至把生意做到了街上商店。現在梅西公司位於曼哈頓中心地區，已經成為世界上最大的百貨商店之一。

如果一個人失敗後便一蹶不起，只看到了挫折帶來的痛感，這樣他就很難取得最後的成功。一個拳擊運動員說：「當你的左眼被打傷時，右眼還是要睜得大大的，才能夠看清敵人，也才能夠有機會出拳。如果右眼同時閉上，那麼不但右眼要挨拳，恐怕連命也難保！」有時候生活就有如這場拳擊比賽一樣，即使面對對手無比強勁的攻擊，你還是要睜大眼睛面對受傷的感覺，如果不是這樣的話一定會失敗得更慘。

只要我們勇於面對挫折，能堅強地從失敗中爬起來，成功一定離我們不遠的。

## 經驗比挫折更重要

在我們的人生旅途中，前面的路有時看似平坦卻充滿了種種荊棘，往往使人痛不欲生。百世滄桑，不知有多少心胸狹隘之人，因受挫折放大痛苦而一蹶不振；人世千年，更不知有多少意志薄弱之人，因受挫折放大痛苦而志氣消沉；萬古曠世，又不知有多少內心懦弱的人，因受挫折放大痛苦而葬身於萬劫不復的深淵……，當我們面對挫折和困難時，不應放大痛苦，要面對慘澹的人生將痛苦縮小。在某種程度上說，挫折只是我們人生中的一種經歷、一種經驗，可以帶給我們一生的財富。

愛迪生在小時候是公認的低能兒，誰能料到他長大後，能有如此重大的貢獻，像電燈、電話、電車、留聲機、電影、收音機等一千多種發明，完全是憑著他的超人的研究精神，持之以恆的決心，和汲取失敗的經驗而取得的。

愛迪生在發明電燈的過程中經歷了很多失敗，選擇電燈燈絲材料時，經他篩選的礦物、金屬的種類就達到一千六百多種，因為找不到合適的燈絲材料，使得燈泡不能維持一定時間的光亮，導致許多人批評和攻擊愛迪生，甚至罵他是「幻想家」、「騙子」、「傻瓜」等，愛迪生自己也確實受到了很大的打擊。然而，他憑著對科學的熱愛，並沒有被此打倒，因為經驗比挫折更重要，所以他重拾信心，繼續研究電燈的製作，經過長時間的不間斷的實驗，在排除礦物、金屬物質的同時，他又選用各種纖維，如紙、線、植物的皮，他一共用過約六千多種物質來做燈絲。

有一天，他把試驗室裏的一把芭蕉扇邊上縛著的一條竹絲撕成細絲，經炭化後做成一根燈絲，結果這一次比以前做的種種試驗都優異，這便是愛迪生最早發明的白熱電燈—竹絲電燈。這種竹絲電燈繼續了好多年，直到後來，發明用鎢做燈絲後才代替它。

可以想像，在愛迪生發明一千多種發明的過程中，需要經歷多少挫折啊！而他卻知難而進，從來沒有退縮過，經過一次一次的總結經驗，用大無畏的精神克服了所有的困難。

正是因為從無數的失敗中汲取豐富的經驗，所以才有了他事業上的成功，才有了我們今天的美好生活。

人生就好比一塊玉一樣，再潔白的玉也有瑕疵，再成功的人生也有挫折和痛苦。面對有瑕疵的玉，有的人會認為它一文不值，有的人卻認為它瑕不掩瑜，正是因為玉有了瑕疵才渾然天成、價值連城。然而，面對人生的挫折和痛苦，有的人卻誇大了挫折，放大了痛苦，感到人生無望。

他們不懂得挫折能給人經驗，而經驗又能助人成功，可以說經驗勝過挫折！

金融風暴過後，經濟一片蕭條，兩個遭到破產的青、老企業家偶然相遇了。年輕人滿臉沮喪地告訴老人自己的挫折和痛苦，老人便微笑著對他說：「我已經很老了，所剩的時間還不及你的三分之一；我的公司也很大，重整所需的費用更是你的三倍之多。我現在是一個又老又窮的人，面對挫折和痛苦都打算重新開始，難道你這樣既年輕又精力充沛的人還打算放棄嗎？」

老企業家的一番話讓他頓時醒悟了，從此奮發圖強，沒過幾年就將自己的公司又重新上市了。

只有聰明的人在面對挫折時，才會選擇勇敢面對，並從中獲取成功的經驗與啟示。因為他們知道，挫折和痛苦並不可怕，可怕的是不敢正確地面對、被它們打倒而一蹶不振。如果我們著眼於經歷挫折後獲得的經驗，這樣挫折就會變成成功的基礎！

「從失敗中汲取經驗，培養成功，挫折和痛苦是通往成功的兩塊最穩靠的踏腳石！」這是美國教育學家卡耐基的一句名言。人只有在挫折和痛苦中摸索成功之路，汲取從挫折和痛苦中獲得的經驗教訓，才能取得成功！當我們能夠正確面對挫折和痛苦，把挫折和痛苦作為成功的兩塊踏腳石，並將挫折和痛苦轉化為成功的動力時，這就意味著我們即將成功。

我們何不將挫折當成一種考驗，一種財富，一種提醒，這樣經驗會比挫折更重要。人生的道路不可能一帆風順，未來可能有更多的風雨等著我們去面對，當我們跌倒了一定要再爬起來，擦去嘴角的血跡，揮去腿上沾滿的浮塵，邁著堅定的腳步向前進。

有時候我們換個角度看，其實失敗也是人生當中一道靚麗的風景線。就好比經受夭折的玫瑰，遭受颱風的果園雖讓人無奈，但它卻有無限的幽香；還有那秋天凋零的楓葉，雖被狂風掃過，卻被熱血渲染。失敗是成功路上的層層山巒，洶湧的海浪，只有當我們能順利克服它們時，才能到達成功的彼岸。

我們要學會從挫折中掌握經驗，這樣才能走向成功！

## 面對挫折你可以說聲「不要緊」

一位教授說過：「不要緊，這三字箴言可以使我們心境平和，對我們的進步會有很大的幫助。」

假如你容易感受到挫折，建議你在筆記本上，端端正正的寫下「不要緊」這三個大字，它可以提醒你不讓挫折感和失望破壞你的平和心情。

普金斯從有記憶時，就經常見到母親為失眠而煩惱。耳濡目染，久而久之，他也把睡覺當成了沉重負擔。

中學時代，不管普金斯在考前準備得多麼充分，總要為考前能否睡好覺而憂慮，成績也因睡眠品質而起伏。能否睡好成了普金斯能否考好的關鍵，而平時的學習是否有成效反而好像是「無關緊要」的。

普金斯工作後參加高等教育自學考試，開始時也像以前一樣，總因擔心失眠而失眠。但考了幾門試後，他發現有無睡好並不是自己以前想像的那麼重要，只要平時複習好了，即使「昨晚沒睡好」也不怎麼影響考試的發揮。於是，普金斯在心裏默默的想：「不要緊。」這樣，為了睡好覺在臨考前的晚上不複習的習慣沒有了，應考時常被「昨晚沒睡好」的意念而擾亂的事沒有了。這個「不要緊」，也讓他漸漸改掉了擔心失眠而失眠的毛病，因此精神好了很多，學習成績也提高了。

就這樣，「不要緊」成了他生活中用以保持內心平衡的一個籌碼。

人生在世，有許多使我們的平和心情和快樂受到威脅的事情，實際上細想起來，很多時候我們都是在自尋煩惱，有些事情並沒有我們所想像的那樣要緊。

因一時的疏忽而做錯一道考題，因無意的舉動而受到一次批評，因偶爾的閃失而錯過一次機會；每當此時不要太悔恨，不妨對自己說聲：不要緊。

上司對你持有偏見時，不要緊，你仍繼續努力，總有一天他會瞭解你；初戀的情侶離你而去，不要緊，你仍可活得很精彩，心愛的人總會來到你身旁……。一個人，在生命的長河裏搏擊，總會有許多說到底並沒有什麼要緊的不如意之事，許多威脅我們心靈平靜和幸福的事，是無關緊要或不像我們所以為的那樣有關緊要的。如果我們太介意那些無關緊要的事，就會被生活所壓倒，壓得自己也喘不過氣來。

人的一生多多少少都會碰到挫折，但是挫折是成功人生必不可少的組成部分。因為挫折，你的生命得到昇華，靈魂得到潔淨；因為挫折，你才真正開始使用大腦，運用智慧，領悟人生。要知道，遇到挫折不是世界末日的來臨，不如鼓起勇氣重新上路吧。

挫折是生命成長和品格成熟的里程碑，不是羞恥的，而是最值得紀念的、最值得感謝的，當我們面對挫折而感到痛苦時，不妨對自己說一聲：不要緊。

# 在生命的低谷留下堅強的足跡

當我們處於人生的低谷時，如果能建立堅強的信念、勇於挑戰失敗，只要站起來的次數比倒下多一次，就是成功。

在我們的人生中，有低谷也有坦途。低谷雖苦，卻能磨練人的意志；坦途順暢，卻未必人人都能自由馳騁。在人生的低谷時，如果還能看見希望，這樣才能改變自己，才能鍛鍊出超人的智慧。

韓國前總統金大中，是一個對苦難有著深刻體會的人，因而他更會感激苦難。幾年前，他的三個兒子，在長期的逃亡與顛沛流離中，曾經創下了輝煌的成績。然而當他們的地位鞏固時、處境優越時，卻抵擋不了糖衣炮彈，最後墮落了，一個個由於貪污腐化鋃鐺入獄。金大中看著自己的兒子這樣，也很心疼，但他希望這次能讓他們吸取教訓。

他們在監獄時，金大中經常去探望他們並教育他們，希望他們能意識到自己的錯誤。過了幾年他們終於出獄了，經歷這些事情也讓他們深深體會到，不管是在貧困還是在監獄的日子裏都要靠自己的意志力走過低谷。

有一位著名哲學家曾說過：「平坦而堅硬的土地上不會留下走過的痕跡，而泥濘的土地上卻很輕易便留下了行走者的腳印。」

那串腳印是一種印證，對苦難、對成長，對櫛風沐雨中的人，行走價值的印證，是泥濘對於生命的贈禮。

當人們可以走出低谷、走出泥濘的土地時，就可以使我們的意志力更加堅定，即使在困境中也會感激苦難。

沒有人會說：「我的一生一定能一帆風順，沒有挫折、困難，也不會有痛苦、打擊。」明智的人都清楚，人生在世或多或少、或大或小都會遭受挫折、失敗與打擊，人的一生不可能一帆風順。也許你現在事事稱意，事事暢達，但並不可能一輩子都這樣。有時候，人世間不如意之事很多，而如意之事很少。

但是，我們也不能因為這樣而悲觀失望，過一天算一天。每個人都要做好心理準備去面對挫折，否則一旦打擊突然襲來，我們就會被打扒下。這樣的事例比比皆是，有人承受不了打擊而跳樓自殺；有人因為成績突然下降而產生厭學心理；有人與朋友發生衝突想不開而傷害朋友等等。

當我們有痛苦時，想想那些處境比我們更糟糕的人，我們就會覺得我們受到的誤解、批評，心中的委屈、煩惱，算不了什麼。同時想想如何應對逆境，如何化解苦悶，如何把困難變為成長的契機。想想臥薪嚐膽的越王勾踐，屢敗屢戰的名將曾國藩，失聰卻成為音樂家的貝多芬，身殘志堅的霍金等等。只要我們不自暴自棄，勇敢地面對困難、面對挑戰，正確地認識失敗，從哪裡跌倒就從哪裡爬起，這樣就有可能取得成功！

二十一世紀充滿著競爭和挑戰，這一代的我們應該怎麼做呢？是平平庸庸，碌碌無為地混日子；還是努力奮鬥，積極實現自己的目標。相信大家都會選擇後者，選擇不一樣的活法，就能活出不一樣的人生。

鋼鐵是怎樣煉成的？鋼鐵就是像保爾這樣煉成的，他勇於走出人生的低谷！我們也要勇敢地把自己鍛鍊成一塊鋼鐵，遇到困難不退縮，受到挫折不屈服，即使在人生最困難的時候也要向前看，這樣才能看到希望、才能看到成功！

# 第七章　克服壓力，從心理消除焦慮情緒

今天，「壓力」全來了！學習上的壓力、家庭上的壓力、心理上的壓力、人際關係上的壓力。壓力，是我們生活的一部分。那麼如何對待壓力，克服壓力呢？

# 焦慮──現代人的「心病」

不知從何時開始，人們因為芝麻綠豆大的事情，也能被搞得坐臥不寧，就如同「風聲鶴唳、草木皆兵」這句話說得一樣。焦慮，這種過分的擔憂和不安，已經成為現代人普遍存在的「心病」。

多數人生活的常態已變成「有壓力覺得累，沒壓力覺得可怕」這種情況了。現代的人們為了生計，不得不辛苦奔波，因此給自己製造了很多的壓力，大家普遍認為「時時爭得上游」，才是到達幸福彼岸的唯一途徑。

現在社會的殘酷競爭無時不在、無處不在，人們工作透支、情感透支，出現了學業與就業、工作與家庭、物質與精神收穫諸多矛盾，以致我們對即將發生的事情缺乏判斷，覺得自己根本找不到解決問題的方法；把握不住瞬息萬變的社會，完全不知道將來會發生什麼事情；對自己要求過高，又因為達不到要求而充滿自責。人們天天疲於奔命，卻依然會陷入顧此失彼的境地。於是，我們開始擔心事業失敗，擔心失業隨時可能降臨，擔心失戀，擔心發生交通事故，擔心自己會得到癌症或別的什麼重病，擔心自己沒有購房能力或是將來漲價了更買不起……。人們陷入了毫無理由的杞人憂天心理中而無法自拔，久而久之，人開始了與焦慮症的持續博弈。

**美國著名學府哈佛大學去年最受歡迎的選修課竟然是「幸福課」，聽課人數超過了王牌課《經濟學導論》**。教這門課的是一位名不見經傳的年輕講師，名叫泰勒・本・沙哈爾。

本・沙哈爾在一週兩次的「幸福課」上，沒有大講特講怎麼成功，而是深入淺出地教他的學生如何更快樂、更充實、更幸福。

本・沙哈爾說道：「在哈佛，我第一次教授積極心理學課時，只有八個學生報名，其中還有二人中途退課。第二次，我有近四百名學生。到了第三次，當學生數目達到八百五十人時，上課更多的是讓我感到緊張和不安。特別是當學生的家長、爺爺奶奶和那些媒體的朋友們，開始出現在我課堂上的時候。但是，我知道我不能因為我的焦慮而影響到我的教學品質，我從心理上和身理上多方面克制自己，並且多在人多的地方說話。這樣，當時間長了，我上課的這種緊張和不安感自然而然也就被消除了。」

校刊和《波士頓環球報》等多家媒體，報導了積極心理學課在哈佛火爆的情景，本・沙哈爾成了「哈佛紅人」。

看完這個故事我們不得不反思「幸福課」為何會在哈佛大受歡迎，現代人們物質生活豐富，但為什麼還是不開心呢？

就連本・沙哈爾也曾經不快樂了三十年。

他在哈佛從大學讀到博士，為三名優秀生之一，他曾被派往劍橋進行交換學習。他還是個一流的運動員，在社團活動方面也很活躍。但這些並沒有讓他感到持久的幸福，他承認自己的內心並不快樂。

「最初，是我的經歷引起了我對積極心理學的興趣。我開始意識到，內在的東西比外在的東西對幸福感更重要。透過對這門學科的研究，讓我受益匪淺，因而我想當一名教師，把我所學的東西和別人一起分享。」

二〇〇四年是本・沙哈爾第二次開設「幸福課」，這年哈佛校報上有一篇報導：《學校面臨心理健康危機》，標題下的導語說：在過去的一年，絕大多數學生感到過沮喪和焦慮。文章引述了一位學校舍區輔導員寫給舍區主管的信。

這位輔導員寫道：「我快崩潰了。」在他分管的舍區內，有二十個學生出現了心理問題。一個學生因為嚴重焦慮而無法完成學期作業；另一個學生因為精神崩潰而錯過三門考試……

哈佛校長見到了這封信後，強調該舍區的問題並不是特例。由此可見，在哈佛焦慮的學生人數之多。大多數哈佛學生還沒意識到，即使那些表面看來很積極、很棒的學生，也很有可能正在被心理疾病折磨著，即使你是他最要好的朋友，也未必意識到他有心理問題。

不只一位學生說：「在內心深處，我經常覺得自己會窒息或者死去。」他們總會時常不明原由地哭泣，總要把自己關起來才能睡覺。很多人為此去看心理醫生，吃心理方面治療的藥，甚至休學，但似乎並沒有什麼功效。「我是一個成績優異的哈佛精神病患者。」他們都這樣描述自己。

哈佛一項調查發現，越來越多的學生面臨心理健康危機。調查稱：過去的一年中，有八〇%的哈佛學生，至少有過一次感到非常沮喪、焦慮。四七%的學生，至少有過一次因為太焦慮而無法正常做事，一〇%的學生稱他們曾經考慮過自殺。

許多美國人都不明白為什麼我們越來越富有，卻還是不開心。在美國，據統計焦慮和憂鬱症的患病率，比起二十世紀六〇年代高出十倍，焦慮和憂鬱症的發病年齡，也從上世紀六〇年代的二十九歲下降到今天的十四歲。而許多國家，也正在步美國後塵。一九五七年，英國有五二%的人，表示自己感到非常幸福，而到了二〇〇五年，只有三六%感到自己非常幸福，但英國國民的平均收入卻是一九五七年時的三倍。

由此可見，焦慮已經成為現代人生活的一部分。

當我們患上焦慮症後，會長期處於緊張和焦慮之中，這樣的擔憂會嚴重降低工作能力以及與他人相處的能力，這種獨立解決問題能力的下降會使人的事業和家庭生活停滯不前，甚至出現惡性循環。因此，如果你感到全身乏力，生活和工作能力下降，有時候甚至連簡單的日常家務工作都沒辦法勝任，還時常伴有失眠、早醒或夢魘等睡眠障礙，就要開始懷疑自己是否患上焦慮症了，並且要及早治療。

當真的患上焦慮症時，一定要找出產生「焦慮」的根源。「焦慮」一般產生於「不確定的狀態」，而減少「不確定」的方法就是必須逼著自己「做決定」。一旦下了決心，你就可以清楚地知道下一步應該做什麼，之後就要勇敢地「放手去做」。做任何事情都會面臨挑戰，有時出現緊張是很正常的，不要過多地去想結果。一般我們最害怕的事往往也最能從中獲取成就感，所以不妨用正面的情緒來看待這些事情，並不斷的給自己做心理暗示，這樣才能變壓力為動力。

同時，還要多結交些性格開朗的朋友，多和自己的好朋友說說心事，在愉快的聊天聲中，他們的意見或想法就能夠幫助你減少壓力，從而避免由此而產生的焦慮。

還有，適量的運動也有助於減壓，抑制焦慮情緒的產生。因此，當你發現有焦慮的「苗頭」時，不妨去室外打打球、跑跑步，就能防微杜漸了。

相信只要能做到這幾點，焦慮的情緒是不會影響我們的。

## 長期焦慮危害身心健康

大多數人對憂鬱這一名詞已不再陌生，但另一種情緒障礙—焦慮，正在侵害現代人的身心健康。與憂鬱症患者所表現出的情緒低落、活力減退，做什麼事都沒興趣不同，焦慮症患者經常表現為心神不寧、煩躁不安、心跳加快、呼吸急促、入睡困難。長期性的焦慮可導致多種身體疾病，如高血壓、冠狀心臟病、胃腸疾病甚至癌症等。

從臨床表現來看，四、五十歲的更年期婦女所具有的焦慮特徵比較明顯。一些企業家因為工作壓力大，經常處於緊張狀態也容易焦慮。此外，像大學生一時找不到工作，戀愛中發生挫折，或是學業繁重也有可能陷入焦慮。目前研究發現，焦慮和憂鬱在遺傳、生化、免疫、內分泌、生理和影像學等方面既有聯繫又有不同。也有人說焦慮是憂鬱的前兆，很多人焦慮過度，就會發展成憂鬱。

每個成年人時期都面臨著來自事業、家庭、社會等各方面的壓力，所以更容易焦慮。最新的研究表明：焦慮對於男性的危害不亞於高血壓，它使男性更容易患上心臟病、心律不整以及其他一些疾病；同時焦慮也會使女性的壽命明顯縮短。

美國切里流行病學研究所的艾倫・D・伊克爾博士對三千六百多名平均年齡在四十八歲的人，進行了為期十年的追蹤研究。結果表明：焦慮水準比常人高的男性，有大約二五％患上了心臟病，而且他們的死亡率比正常人高二三％。同時這些男性中有二四％的人患上一種容易使人抽搐和死亡的叫心房纖維性顫動的疾病。對於女性而言，這十年中焦慮水準高的女性死亡率比其他女性高了二三％。

我們所謂焦慮，就是一種急切、煩躁、火燒火燎的企盼期待的事情發生的心情。焦慮來自於急躁，也就是熱切的、渴望的，同時也有憂慮的意思。人的思想是後天的產物，包含有一定的主觀因素，因此和自然規律存在差距。自然法則是不以人的意志為轉移的，因此人的某些思想有可能就是妄想、憶測，如果非要期待這些思想在將來發生，那只能使人處在長久的焦躁的期待之中。

有個相聲叫《扔靴子》，說的是一位老人在樓上的房客扔下一隻靴子後，一直在等待第二隻靴子而不得，以至於一夜沒睡，老人的這種狀態就是焦慮。焦慮的產生源於以前的思維模式，也就是說老人過去的經驗使他形成了下意識的條件反射。聽到房客樓上扔下第一隻靴子以後，心裏就開始期待第二隻靴子落下的聲音，這就是因思而遠慕，慕而不得，期待越來越久遠，也就形成了焦慮。不必笑話這個老人，其實我們每個人都多多少少有類似的焦慮。過年放鞭炮的時候，聽到「咚」的第一聲以後，你是不是在內心期待著第二聲的鞭炮響。一旦聽到以後是不是心裏很踏實？如果一直沒有聽到是不是心裏有種空蕩蕩的焦躁的感覺？

為了避免焦慮的產生，我們應該檢討一下自己固有的一些思維模式和情緒習慣，避免非此即彼極端的思維。當然最重要的是人應該多經歷磨練，見多識廣了，也就知道一種原因會有多種結果，也就不會鑽牛角尖了。比如說：「有志者事竟成」、「皇天不負苦心人」、「善有善報」等等說教，其實都是不一定的。有的需要時間，有的還需要其他條件。焦慮是急切的企盼將來發生的事情，後來人們把焦急的害怕，擔心將來發生的事情，也歸到了焦慮之中。這種心態也是早期心理情緒創傷形成的條件反射和放大，形成絕對的有因必有果的情緒習慣。焦慮患者根本不去考慮條件變化對結果影響，以至於看到小苗頭端倪就預想惡劣結果的發生，然後就陷入極大的驚恐痛苦之中。最著名的例子就是杞人憂天，這種焦慮持續久了，人就會悲觀憂鬱，病得更深。臨床上很多人會以焦慮為主訴來求診，也有人以被診斷為焦慮症來尋求中醫治療。患者以中、青年女性居多。

同時，焦慮是大學生中比較常見的情緒問題。不少學生在遇到學習成績不理想、失戀、生活受挫、家庭出現意外等刺激後，心理上無法承受由此帶來的壓力而出現劇烈情緒反應。焦慮在這些學生的行為上表現為喪失學習和工作的興趣及動力，反應遲鈍，無精打采，拒絕交際，迴避朋友並伴隨著食慾減退、失眠等不良反應。大多數學生多少都有過這種消極情緒，但持續的時間比較短暫。但其中也有少數性格內向、孤僻、自尊心強、懷疑心重、承受挫折能力低的學生容易長期陷入焦慮狀態，導致焦慮性精神症的出現。有些患者會認為人生乏味而有過自殺的念頭，甚至採取過自殺行為。

長期焦慮同時也會危害人的心理健康。長期焦慮很容易轉為慢性焦慮，使人的意識範圍變得狹窄，認知評價能力無法正常展現，往往過高的評價別人而過低的評價自己；使人的情緒難以穩定，終日焦躁不安，自制力減弱；使人的人格結構遭到損害，易退縮，好幻想，過分膽怯或害羞；使人的心理反應過於敏感，經常猜疑或挑剔；使人的社會適應能力大大削弱，生活中缺少主動性，喪失幸福感。

長期焦慮也會對生理健康造成危害。過度、長期的焦慮，是多種身心疾病的誘因之一，在不同程度上破壞人的神經系統、心血管系統、消化系統、呼吸系統和內分泌系統的功能，對人的身體健康有著嚴重危害。

由此可見，焦慮情緒對人類健康的威脅是非常大的。要想在現代緊張而忙碌的生活中保持健康的身體，我們必須時常對我們的心境和情緒進行關注。研究表明，焦慮常以疲勞、頭暈和心臟不適等病理方式表現出來。因此，如果以上症狀長期存在，要及時求助於專業醫療機構，幫助我們做出準確的判斷，同時協助我們儘快擺脫焦慮的狀態。

如果產生了焦慮情緒，應正視事實不要迴避，反省自己的生活方式與生活處境，並積極主動地尋求解決之道。

## 「成功焦慮」症

許多人都在尋求成功之道，社會上各種補習班、培訓班比比皆是，似乎拿什麼證、懂了電腦、會了英語就會為我們打開了成功之門。美國著名心理學家特爾曼對八百名男性進行了三十年的追蹤研究，發現成就較大的二〇%與成績較小的二〇%之間，最大的差別並不在於智力水準，而在於心理素質。

現代人都渴望擁有多種「硬體」，渴望用這些「硬體」來獲取成功。由於他們對成功抱有很高的期待，一旦不能如意或落魄失意，他們就可能陷入一種欲罷不能的焦慮之中，這就是所謂的「成功焦慮」，也可以稱為「成功焦慮症」。

從醫學角度看，適度的焦慮原本不是壞事，它可以視同為一種憂患意識，能使人警醒、催人奮進，具有積極的意義。但過度的焦慮，就成了一種心理障礙，使人充滿了長久的、模糊的憂愁和擔心。一般的焦慮都有一定的誘因，「成功焦慮症」的誘因，主要在於社會意識對所謂「成功」的片面認定與過度強化。人們耳目所及，能賺錢、賺大錢、香車豪宅、出人頭地、富貴還鄉、贏者通吃、名利雙收，通通都是「成功」的代名詞。當社會是一個崇尚奮鬥成功，以成敗論英雄的時代，在一般人眼中，人的價值就已經簡單到只用金錢來衡量的地步。現代人要成功、要出人頭地、要出類拔萃的願望十分強烈，很難做到保持一顆平常心。長此以往，就逐漸讓人失去了體會生命本來樂趣的能力，使得許多人變得思維遲鈍，精神萎靡，內心緊張不安，這已成為現代人產生過度焦慮的重要根源。

成功學書籍在大學的氾濫流行，從另一個方面折射出我們當前大學生缺少更高的價值取向：當自己的努力到達自己能力極限的時候，心力交瘁，一旦看到別人比我們優秀、比我們「證」多、社交又如魚得水就心生嫉妒甚至怨恨，便等不及成功的如約而至，而渴望找到成功的小技巧，讓它提前到來。

毫無疑問，「成功焦慮症」不但無助於成功，反而會讓成功與我們漸行漸遠。那麼如何擺脫「成功焦慮症」的困惑呢？

為了避免「成功焦慮症」的侵擾，必須改變那種把所謂「成功人士」渲染成時髦而偉大的時代英雄價值取向。要培養自己實事求是的成功觀念，做有遠見、有耐心、從容大器的務實者。成功雖然有一些外在的評價指標，但更多地取決於當事者的內在感受。一個人對自己的成功認可度，與他在事業上取得成就的大小，特別是所擁有物質財富的多寡之間，並無必然的聯繫。我們應該建立起新的評價體系，即只要在自己的領域和地域，在不同層次和程度上做出成績，就應有自己的尊嚴和成就感。只要踏實而負責任的走好生活的每一步，我們每個人都應認為自己是成功者。

總之，人應該學會享受生活，鬧中取靜。追求成功無疑應成為生活的重點之一，但它不應是生活的全部內容。在我們的時間計畫表上，不該遺忘親情、友情和愛情，也不能排斥健康的娛樂、體育活動。事實證明，健康的娛樂和適度的體育鍛鍊，都能有效地紓緩焦慮症狀，同時也有助於人們消除疲勞。只有拋開名利枷鎖，走向自然，擁有健康，做生活的主人而不為生活所奴役，才能使你遠離焦慮。

記住：別讓「成功焦慮症」擾亂了自己。

# 不要預支明天的煩惱

從前有一位小和尚，每天早上得清掃寺廟院子裏的落葉。尤其在秋冬之際，在冷颼颼的清晨起床掃落葉實在是一件苦差事，每一次起風時，樹葉總隨風飛舞落下。每天早上都需要花費許多時間才能清掃完樹葉，這讓小和尚頭痛不已。他一直想要找個好辦法讓自己輕鬆些。後來有個和尚跟他說：「你可以今天早上打掃時用力搖樹，把樹葉統統搖下來，這樣明天早上就不會有樹葉落下了。」

小和尚聽了很贊同這個說法，於是隔天他起了個大早，使勁的猛搖樹，這樣他就可以把今天跟明天的落葉一次掃乾淨了。一整天小和尚都非常開心。

第二天，當小和尚來到院子時，不禁傻了眼，院子裏如往日一樣是落葉滿地。

此時，有位德高望重的老和尚走了過來，「傻孩子，無論你今天怎麼用力，明天的樹葉還是會飄落下來啊！」他意味深長地對小和尚說。

現實生活中也有很多像小和尚這樣的人，企圖把人生的煩惱都提前解決掉，以便將來過得更好、更自在，徹底的無憂無慮。而實際上，很多事是無法提前完成的。過早的為將來擔憂，於事無補外，只能讓自己活得很累、很無奈。有一句古語：「活在當下」，說得還是有一定的道理的，就是指要努力過好現在。

如果想要使自己過得輕鬆、過得有詩意，就不能預支明天的煩惱，不想著早一步解決掉明天的煩惱，努力把握好今天的事情。實際上，等煩惱來了，再去考慮也不遲。所謂：「車到山前必有路，船到橋頭自然直」。況且，明天的煩惱，你又怎能提前解決呢？更重要的是，有時候人們經常會誇大想像出來明天的煩惱。

今天是無法解決明天的煩惱的，但是只要保持堅強的心靈，即便明天有任何困難出現，也可坦然去面對、去解決。況且，再幸福的人也有煩惱，再不幸的人也有快樂。世間的每個人都有喜怒哀樂，抱著煩惱不放，就會把快樂丟掉。如果要選擇哭著活一天，還不如選擇笑著活一天，開開心心地過好今天才是最重要的。

土灰色的沙鼠是生活在撒哈拉大沙漠中的一種動物，每當旱季到來之時，這種沙鼠都要囤積大量的草根，以準備度過這個艱難的日子。因此，沙鼠在整個旱季到來之前都會忙得不可開交，牠們滿嘴含著草根在自家的洞口上進進出出，辛苦的程度是可以想像的。

但是，如果當沙地上的草根足以使牠們度過旱季時，沙鼠仍然會拚命地工作，將草根咬斷運進自己的洞穴，這樣牠們似乎才能心安理得，感到踏實，否則便焦躁不安，這是一個很奇怪的現象。

經過研究證明，沙鼠完全可以不用這樣勞累和多慮，這一現象是由一代又一代沙鼠的遺傳基因所決定，是出於一種本能的擔心。因此，沙鼠經常做一些相當多餘又毫無意義的事情。

可以說，沙鼠就是預支明天煩惱的典型例子，下面的這則故事也講述了同樣的道理。

這是一個丹麥的民間故事。有一個鐵匠，家裏非常貧困，因而他就經常擔心：「如果我病倒了不能工作怎麼辦？」、「如果我賺的錢不夠花了怎麼辦？」結果，他嚴重的預支了明天的煩惱，這些煩惱壓得他喘不過氣來，漸漸地身體就越來越弱。

有一天，他突然昏倒在街上，剛好有個醫學博士路過。博士在詢問了情況後十分同情他，就送了他一條金項鏈並對他說：「不到萬不得已的情況下，千萬別賣掉它」。鐵匠頓時覺得沒有什麼後顧之憂，於是高興的回家了。

從那天以後，他不再像以前那樣經常考慮明天的煩惱了，因為如果他實在沒錢了，就可以賣掉這條金項鏈。這樣他白天踏實的工作，晚上安心的睡覺，逐漸的他又恢復了健康。後來他的小兒子也長大成人，鐵匠家的經濟也寬裕了。有一次他把那條金項鏈拿到首飾店裏估價，老闆告訴他這條項鏈是銅項鏈而且只值一塊錢，鐵匠頓時恍然大悟：「原來，博士是想治好我的病，而不是想給我一條金項鏈。」

我們可以從中悟出這樣的道理：預支明天的煩惱是徒勞無功的，做好今天的功課，就是對付明天煩惱的最好法寶。當我們把心頭的那個沉重包袱放下時，原來焦慮的那些令人不安的後果往往也難以發生。人應當做生活的強者，而不是逃亡者。遇山繞行，逢水改道只能從表面上暫時避開煩惱，並不能得到真正的解脫。因此，**遇到煩惱時不要害怕、不要退縮，只有遇山開路、逢水搭橋才能徹底解除心中纏繞的束縛，才能真正地解決問題。**

大仲馬面對煩惱時可以平平淡淡地說：「人生是串起無數小煩惱組成的念珠，懂得人生價值的人會笑著數完這串念珠的。」簡簡單單的幾個字，卻道出了人生的真諦─笑對煩惱！人生有無數的煩惱：大至生老病死，小至柴米油鹽……。當我們面對它們時，能否做到像大仲馬那般的坦然、那般的從容呢？

舉世聞名的拳王阿里在一九七三年三月底的一次拳擊比賽中，被名不見經傳的肯‧諾頓打碎了下巴，以慘敗告終，輿論界大嘩、嘲諷、挖苦的信件雪片般飛來。面對這些事情，阿里表現得相當冷靜，重新認識自己失敗的原因；他把這些意外的打擊變為行動的動力，毫不鬆懈的苦練。終於他在洛衫磯的比賽中一拳就打敗了肯‧諾頓，重新取得勝利、重新贏得了掌聲。

我們不得不佩服他們對待煩惱的積極精神和樂觀態度，正是因為他們的這種心態，他們才能在人生中取得成功。

如果我們想成為生活的強者，就必須笑對煩惱。因為微笑能保持在心平氣和的狀態中，往往能找到解除煩惱的途徑，將生活中一個個「攔路虎」清除，把坎坷的小徑踩成一條康莊大道。

只有笑對煩惱，才能真正懂得人生價值。因為他們知道：在煩惱面前，越是悲觀逃避，就越使它變本加厲。而人生的價值在於奮鬥進取，在於用自己堅強的意志去排除一切障礙。就像在風雨暴虐的大海上行船的人，如果他不敢與之抗衡，被暴風雨的氣勢所嚇倒，他就只有葬身海底的歸宿。當面對煩惱時，如果能以堅強的毅力不懈拚搏，憑著不到目的不甘休的信念，就必能達到勝利成功的彼岸。

在我們的一生當中，時時刻刻都會遇到不同的煩惱，如果我們以逃避的方式面對煩惱，就只會終日在煩惱中掙扎；相反，如果我們能以堅強的毅力、不懈奮鬥和樂觀的精神面對煩惱，就一定能克服煩惱，天天都活在快樂之中。

朋友，仔細體會一下大仲馬的話吧！它會讓你不再預支明天的煩惱，使你成為一個笑對生活的強者！

# 消除焦慮的程式

雅里是英國一個知名公司的員工，但她最近總是吃飯不香，睡覺不實，一天到晚老想著心事，處於一種焦躁不安的狀態，對做什麼事情都沒有興趣。一會兒想著公司要精簡人事，自己會不會因此失業，一會兒又想著女兒今年要高考，擔心著她的前途……。

其實，雅里的這種情緒就是一種焦慮的表現。焦慮是一種類似於擔心害怕的情緒表現，對於焦慮者來說，往往並不是已經身臨困境或危險的境地，而是預感到有什麼事情將要發生，或者對事情可能出現的各種後果把握不住。

格蘭斯頓曾當四任英國首相，但他每次演講前都要失眠兩晚。他說，他一方面擔憂他該說些什麼話，一方面又要擔憂什麼話他不該說。雖然他是一個很虔誠的教徒，但是仍不免在這方面浪費時間和精力。

成利斯・卡利爾是美國著名的工程師，但是他有一次把一項工作做砸了，給公司造成巨大的損失。這一挫折猶如當頭一棒，把他給打懵了。他覺得心頭翻腸攪肚，真是痛苦萬分，好長時期睡不著覺，長期的處在焦慮之中。

後來，卡利爾知道不能一直這樣下去，他告誡自己這種憂慮是多餘的。他開始平靜下來考慮解決問題的方法，這種強迫自己平靜下來的心理狀態非常有用。三十多年來卡利爾一直遵循著這種方法，遇事都命令自己「不要激動」，因此他再也不會處在焦慮之中了。

從某種程度上說，焦慮本身就是一種模糊不清的、莫名其妙的擔心，因此有焦慮感的人，最好能把自己的擔心向親朋好友傾訴出來。如果沒有合適的傾訴對象，也可用筆寫在一張紙上。如此，可有以下的收效：第一，可以將心裏混淆不清、心亂如麻的問題理出頭緒；第二，原以為是重要無比的事情，卻可能讓你忽然覺得「不過如此」；第三，原以為是不大的事情，竟是關鍵所在；第四，冷靜面對，可以找出解決問題的對策。

如果我們遇到困難時一味的煩惱下去，只會讓事情變得更壞，因為苦惱會破壞你集中思維的能力，你的思想會因為苦惱而不能專心致志，你也會因此而喪失當機立斷的能力。此時不妨冷靜的問自己：「這件事最壞又會壞到什麼地步？」當你答覆了這個問題後，你的焦慮就會消失了大半。然後，可以制訂一個行動計畫來代替你的焦慮。這種方法總共分為三個步驟：

第一步：冷靜的分析情況，設想已出現的困難可能造成的最壞結果。

第二步：充分估計了可能出現的最壞後果之後，應做好勇敢的承擔下來的心理準備。

第三步：心情恢復平靜之後，應再全心全意的投入到工作上去，盡量設法排除最壞的後果。

李海是美國一位著名的心理學教授，他教導患者可以使用「感知行為治療」來對抗焦慮。這種方法的目的在於改變導致焦慮的思維方式。他建議如下：

首先，焦慮時問問自己，焦慮是否有效或無效。你的焦慮是否會在未來一兩天帶來一系列行為？你會做些什麼來消除這種焦慮？它會一項項的發展下去嗎？如果不是，這是無效的焦慮。

第二點，你是否願意接受不確定性？所有焦慮的核心問題，是你對待不確定性的態度。我對人們說的一件事情是在不確定的日子裏，你想一下你做的所有事情：過街，上餐館吃飯，對陌生人問好，乘電梯，搭飛機；所有這些都有不確定性，你沒有絕對的把握，願不願意接受。

第三點，寫出自己的焦慮。不妨用三十分鐘寫下你的焦慮，然後放在一邊，這樣你就不會整天都悶悶不樂。這樣做的目的不是讓你得到確定性而是感到厭倦，厭倦很有用，讓你懶得去想。

第四點，思考自己的焦慮範圍是否影響到你的生活。如果煩惱已經影響到你的工作、生活、學習，甚至家庭，就要好好考慮一下，這樣有必要嗎？

第五點，你如何對待失敗？焦慮者傾向於認為失敗是災難性的，他們往往相信如果他們想到失敗，他們就會失敗。其實，人們擔憂的絕大多數事情往往不會產生太消極的結果。

第六點，多利用你的情感，而不是焦慮。當你焦慮時，不妨多從家庭或朋友中尋找溫暖、尋找呵護，這種情感會在一定程度上減少你的焦慮。

最後一點，及時回顧一下，看看你以前擔憂的事情是否都產生了消極的結果。這樣你會發現，其實每次的結果並不會那麼可怕。

當我們焦慮時，不如敞開心扉，感受生活的多彩繽紛，化解焦慮，遠離焦慮。

# 用平常心打敗焦慮

現代社會，壓力越來越大，是有很多讓人焦慮不安的原因。由於各方面的壓力，時代越來越要求人們不能失誤，當人們做錯事時就會自責、就會懊悔。這種時代的緊迫感與自我要求的對應，常常使人忘記了自己是一個具有情感與缺陷的自然人。人不可能是萬能的，切不可以把自己當作一個只為成就而活著的人，那是非常可笑而又失真的。不克服這一點，人會永遠處在焦躁不安之中，嚴重的還會過勞死；不如保持一顆平常心來對待一切，這樣就可以打敗焦慮！

持平常心處世，克服焦慮，必可立於不敗之地。

別小看平常心這三個字，在生活中，卻是人人都很難超越的一道坎，因為我們並不懂得何謂真正的平常心，也不懂得怎樣來保持自己的平常心，更不懂得怎樣來運用平常心。

首先，平常心是一種心境，不僅是對待周圍的環境要做到「不以物喜，不以己悲」，更要對周圍的人事做到「寵辱不驚，去留無意」，只有在這種心境下才可能遠離焦慮，才能讓我們以一份平靜和諧的心態來對待生活。

其次，平常心還是一種境界，慧能大師曾說：「本來無一物，何處染塵埃」，他的這種超脫物外、超越自我的境界正是平常心最好的解釋。像慧能這樣的大師，他不是「看破紅塵」，更不是消極遁世，而是表現出了一種積極的心態，以平常心觀不平常事，則必會達到淡然處事的境界。

有人曾問過一個和尚：「和尚修行，還用功否？」

和尚回答說：「用功。」

「如何用功？」那個人接著問道。

和尚回答：「饑則吃飯，睏則即眠。」

「為什麼我和你一樣，就不算用功呢？」那人非常好奇的問。

和尚笑著搖搖頭說：「我和你當然不一樣了，你該吃飯時不好好吃飯，該睡覺時不好好睡覺，整天計較，萬般思量，心不寧靜，怎麼叫做用功？如何算得修行？」

從中我們可以看出，真正的平常心就是享受生活中的平凡和簡單，只要能把心態放平穩，不被外界的動亂干擾，就是擁有一顆真正的平常心。

一般來講，保持一顆好的平常心可以讓我們從中收益許多：

## 第一，平常心，可以增加個人魅力

寬宏大量的人才會擁有一顆平常心，對待別人的錯誤或者是誤解往往都是淡然一笑，不予理睬，他們並不是看輕對方，而是一種無聲的諒解，他們在無形中對自己形象的維護達到了一箭雙雕的目的，因此他們的形象，也在這種無聲的淡然一笑中漸漸樹立起來。

當面對別人的讚揚時，還要保持一種平和的心態，不是斷然拒絕這種恭維，更不是欣然接受這種讚揚，他們僅僅想表現的，只是自己這顆溫和的心，因此他們的人格魅力，也會在對方心中留下深刻的印象。

## 第二，平常心，可以給人誠信的印象

一般愛慕虛榮的人是沒有平常心的，每天為了張揚自己而說各種冠冕堂皇的話，做各式各樣違心的舉動，久而久之就給周圍人一種不誠實的印象。特別是在名和利面前，他們更是受不了誘惑，把持不住自己。

而擁有平常心的人則光明磊落，做事坦坦蕩蕩，不虛假也不掩飾，也不會在名利面前亂了手腳，去做一些有損名譽的事情。他們把名譽看得比什麼都重要，更不會有意去損毀自己的名聲，因此這種人往往會給對方留下誠信的印象。

**第三，平常心，可以讓我們正視自己的缺點和不足，並經常進行反省**

擁有平常心的人會把一個真實的自己攤在周圍人眼前，不會掩飾自己的缺點，他們希望周圍人能給他們挑出不足和欠缺的地方，他們懂得要常常進行自我反省，才是真正對得起自己。換句話說，他們能把自己看得很清楚，並不斷的進行自我審查。

遇到困難時會比較理智，一般很少犯錯誤，因為他們很瞭解自己，很瞭解自己的優點，也很瞭解自己的缺點，完全可以做到非常自然而不受任何約束，知道自己該做什麼，能做什麼，也知道怎樣做更符合自己的個性。

**第四，平常心，可以讓你的生活充滿快樂**

人的一生中並不會一帆風順，有成功，也有失敗；有開心，也有失落。如果我們把生活中的這些起起落落看得太重，那麼生活對於我們來說永遠都不會坦然，永遠都沒有歡笑。如果我們能用一顆平常心來看待這一切，會讓我們的生活充滿快樂，生活裏會充滿著幸福的陽光。

**第五，平常心，可以讓你正確的對待失去的東西**

「不要為碰翻的牛奶哭泣」，這句話說得還是很有道理的，說的是我們應該如何去面對已經失去的東西，失去的終究是失去了，不管如何為它們哭泣都不會再回來了。如果我們用平常心來看待失去的東西，我們就不會哭泣，因為我們知道，如果一味的傷心流淚，再怎麼痛苦，失去的東西也不會回來的。

因此，平常心扮演了協調劑的作用，能讓我們很快的從失去的「陰影」中走出來，而去追求下一個目標。

## 第六，平常心，可以減少我們的憂慮

由於現代人的壓力太大，人們現在不僅僅是生理上有疾病，多多少少心理上還存在著一定的疾病，而心理上的疾病大多數是由憂慮所引起。醫生指出，醫院裏一半以上病人的病情都是憂慮引起的，或者因憂慮而加重了病情。

而當事情過去後，我們會發現之前憂慮的事情簡直是小題大做，甚至是荒謬可笑的，只是因為當時缺乏這種平常心的調節而導致心不平氣不和。

比如說：有人會為幾乎不可能得的病、幾乎不可能發生的變故、幾千次交易中才可能發生一次的問題，感到憂慮，其實這只是在杞人憂天。

## 第七、平常心，可以減少我們心中的仇恨

有時候我們會因為別人對自己不尊敬，或者不欣賞而憤怒，我們之所以會有這種感覺，是因為我們想在對方面前表現自己，或者是超越對方達到對方所沒有的境界。可是萬萬沒有想到的是，對方竟然不給面子，因此我們會產生仇恨的心理。

如果我們具備了平常心，就不會因為別人的態度而影響到自己的心情，可以做到「寵辱不驚，去留無意」。這樣，就不會有那麼多的煩心事，也不會有那麼多的焦慮和仇恨了。

## 第八、平常心，可以讓你更好的走向成功

俗話說的好：「一個籬笆三個樁，一個好漢三個幫。」一個人的成功在某種程度上說，其實是一個團體的成功。特別是在企業公司裏面，一個主管的成功，必定少不了手下的幫忙，因此如何做一個好主管，成為了一個日益尖銳的問題，經過研究發現，那些經常跳槽的員工，最主要的跳槽理由並不是薪水的問題，而是主管的問題。主管的焦慮，甚至是不識賢人而任用庸人，導致最後的失敗，歸根究底就是這些主管沒有一顆平常心。如果他們能擁有一顆平常心來對待手下，讓下屬們暢所欲言，讓部屬瞭解自己的缺點，並請他們彌補自己的不足，這樣肯定是一位成功的主管。

其實平常心不過是「無為、無爭、不貪、知足」這樣的處世態度，也可以說是淡薄之心、忍辱之心和仁愛之心的結合，但這並不是說是無所作為；真正的平常心是一種心境，一種境界。

另外，還有四種平常心的心態：為善不執、老死不懼、吃虧不計、逆境不煩。只要擁有了這種心態，生活就會平靜，焦慮也會被其打敗。

# 用投入化解焦慮

我們都曾體驗過這樣的心態：當好長一段時間收不到戀人的回信時，就會開始做多種假設，接著是胡思亂想，情緒低落，什麼事都不想做；面對即將來到的求職面試或升學考試，心裏沒底，害怕失敗、焦躁不安，怎麼也放不下心來；從未出過遠門的孩子，一下子考到了外地上學生活，當媽的就老擔心他（她）是否適應和順利，開始是叨念，不久變得煩躁，坐立不安，甚至出現了失眠……。這些都是我們在日常生活中的一種情緒狀態—焦慮。

焦慮表現為一種不輕鬆的主觀感覺，也可以表現為緊張、憂慮、坐立不安的一系列行為，還可以表現為心跳加快、呼吸急促、肌肉緊張等腦神經功能紊亂引發的症狀。焦慮是一種內心緊張不安，預感到不祥事情即將發生而又難以應對的，為主要特徵的負面情緒狀態。

有這樣一則故事，很久以前，有一個富翁帶著許多金銀珠寶到遠處去尋找快樂，可是走過了千山萬水卻未找到快樂，他焦慮的坐在山路旁。這時有個農夫揹著一大捆木柴從山上走下來，富翁便問農夫：「我是一個令人羨慕的富翁，但為何焦慮重重呢？」「其實，適當的放下就不會焦慮了啊！」農夫說。

富翁聽了頓悟便投入行動，用珠寶接濟窮人，慈悲為懷，在這些行善過程中，富翁慢慢地化解了焦慮，在給予別人快樂的同時也找到了自己的快樂。

當我們焦慮不快樂時，不如付諸行動，在行動中化解焦慮，尋找快樂。

瑪麗是個成績優秀的中學生，但是她特別害羞，上課總不敢舉手發言，當著眾人的面一說話就臉紅。

老師為了鍛鍊瑪麗的膽量，特意指定她參加學校即將舉行的一次演講比賽。瑪麗一聽，心裏直打鼓，她想：「讓我當著這麼多人演講，我連平時一說話都會臉紅，現在這不是讓我公開獻醜嗎？」

這樣憂心忡忡了好幾天，瑪麗轉念一想：「與其這樣天天的憂慮著，還不如做些準備，說不定到那天比賽時也能講好呢。」

於是，瑪麗天天打開答錄機，然後對著鏡子練習說話。從鏡子裏她看自己的表情如何，而從錄音中，她又分析自己的語氣、語調裏有哪些要改進的地方，還請媽媽來提提建議。

這樣練了幾天，瑪麗漸漸感到自己有信心了，同時也不焦慮了。最後，她在演講比賽中也取得了優異的成績。

從這個故事我們可以看出瑪麗一有空就練習，這樣就沒有時間去憂慮，還有她透過演講的準備，從自己的不斷進步中克服了自己的膽小、易焦慮這個毛病。當我們焦慮時，不能只是焦慮，還要付出行動去克服焦慮。

某知名心理學家曾經對某次體操比賽中，得勝者和失敗者在賽前的焦慮程度做過調查，結果發現他們都一樣的焦慮，但是差別在於他們應付焦慮的方式不同。那些後來表現較差的運動員只懂得擔心，總是在想像自己如何表現不好，因而陷入近乎於恐慌的狀態。而那些後來獲勝的運動員則一般都不去想自己的焦慮，而只是集中精力於他們必須要做的準備上。成功者善於把事情分成一系列細小的步驟，逐個達成目標，因而克服焦慮。

在成功的道路上，焦慮情緒會成為絆腳石，如果不及時清理，將會是一個很大的隱患。因為這些焦慮情緒累積到一定程度時，就會引起所謂的心理障礙。此時，你的精神甚至是思想都會處於崩潰邊緣，連日常生活都無法維持。

因此，讓我們保持樂觀態度，擁有一顆健康的心情，來化解焦慮情緒。並且學會在行動中化解焦慮，過濾自己的心情，在思想上裝一個「閥門」，遇到焦慮情緒就阻止它進入自己的思想，而絕對不能放任其自流。

# 用積極的心態解決難題

當我們在同一個花園裏，觀看同一朵玫瑰花時，在不同的心境下看到的花兒也是不一樣的。積極樂觀的心，則會看到美麗的花瓣和清晨透徹的露珠；而悲觀消極的心，則看到花下傷人的尖刺和清晨微冷的天氣。

如果我們能保持積極樂觀的心態，總是能看到更好的情景，在好心情下，就能夠處處順心，做什麼都遊刃有餘；而在悲觀厭世的心態下，總是看到那些令自己討厭的情景，在惡劣的心情下，又怎麼能夠順利的完成工作呢？

俗話說得好，「倒楣的人喝涼水都塞牙」。但是水是不可能塞牙的，不過是人的主觀感受罷了，心情不好自然看到什麼都覺得不好，做什麼都覺得不順利，自然就有了「屋漏偏逢連夜雨，船破又遇打頭風」的主觀感受。

由此可見，保持一顆積極樂觀、充滿熱情的心，有時候能讓做事更加順利，讓我們更容易成功。一個人如果有高度的熱情，積極的心態，必勝的信念，那麼還有什麼他辦不到的呢？成功的大門只會向那些積極的、樂觀的人打開。

所以說，成功者一定會有一種積極的心態，因為他能樂觀的面對人生，所以成功離他永遠比別人近一點。對於大部分的人而言，他們在平時確實是樂觀的、上進的，但是唯一不足的是，每當關鍵的時候，他們便失去往日的自信、熱情和積極，於是他們在快要成功時總無法成功，離成功總是差一點兒。

時時刻刻都要保持積極的心態，只要能保持住就會成功。從下面這個小故事，我們可以看到積極人生態度和消極人生態度的區別。

農業自動化機械廠為了擴大市場，派出了兩名員工去農場推銷新生產的一種新的農場機器。

第一個去的員工工作認真勤勞，但是心態不好，總是悲觀地看待自己的工作和人生。當他來到這家農場後，看到這裡的農民都是靠人工在田裏種植和收割，於是非常失望。他心想，這裡的農民是不會買我的設備的，他們都靠自己的人力來完成，看來我是白來一趟了。於是他沒有向當地人推銷新產品，就掃興而歸了，寫了一份推銷失敗的報告交上去。

上司看完後非常不能理解，如此先進而又省時的機器，竟然沒有推銷出一台。於是他重新派遣了一名員工再次去那個農場去推銷，這位員工心態樂觀，總是樂觀的看待一切。

當他看到農場的情況時，立刻開心笑著說：「這次肯定能成功的推銷產品。這家農場居然都是靠人力做工，這下不但可以推銷出這種新設備，就連其他一些設備也可以展現給他們使用。」於是他把農場所有的農民都聚集起來，自信的說：「大家好，帶給大家一個好消息，你們終於可以不用這麼辛苦工作了，安裝上這種設備，在同樣的時間內，你們僅僅花費以前十分之一的力氣，但是絕對能夠收穫十倍的成果！」很快的，大家被那些設備給吸引住了，並且爭先恐後的要購買這些產品，結果在這個農場這批新設備有了非常好的銷路。

我們可以從中看出來，兩種不同的心態可以導致不同的結果。在同樣一個農場中，同樣的一批客戶，同樣的一種產品，僅僅由於一個心態的差異，卻導致了一個不戰而敗，一個大獲全勝。

其實，生活中類似的事情到處可見，很多失敗的原因或許與客觀條件無關，僅僅是主觀心態有問題。消極的心態多半導致不戰而敗，沒有開始就已經宣告了失敗的結局。而積極的心態，總能看到充滿希望的未來，總有著信心去克服困難，也更容易達到成功。

請保持一顆積極的心態，只有這顆積極的心態才能解決迎面而來的困難險阻。

# 第八章　放慢節奏，輕鬆生活擺脫疲勞情緒

不知道為何，我們的腳步總是匆匆忙忙。是否因為前方有一個美好的目標正等待著我們，若我們放慢腳步，它就會消失嗎？請放慢生活節奏，將會擺脫疲勞，迎接輕鬆。

# 瞭解心理疲勞

人不僅有生理疲勞，還有心理疲勞。心理疲勞多半帶有主觀體驗的性質，並不完全是客觀生理指標變化的反映。醫學方面有關研究證明：人體產生的生理變化與主觀體驗並不完全一致。某些主觀體驗非常疲勞的人，透過生理變化的測試，諸如神經反應、肌肉張力、心電圖、血乳酸、尿蛋白等指標的測試，卻並未發現太大的變化；而另一些主觀體驗並不感到怎麼疲勞的人，其生理變化程度卻可能達到相當的水準。

人們一直普遍認為，超負荷的體力勞動或腦力勞動可以引起疲勞。但經過心理學家的長期研究，事實並非如此。他們發現，辛勤的工作一般不會導致疲勞，特別是不會引起那些經過休息或睡眠之後不能解除的疲勞。

心理學家認為，疲勞的形成與人的心理狀況有關，人的不健康心理情緒，尤其是憂慮、緊張、煩惱等，是導致疲勞的真正原因。

威廉姆斯是一個上班族，但是他最近總是覺得很累，無論是在辦公室工作，還是晚上回家以後，他都有一種非常疲累的感覺，伸懶腰，打呵欠，什麼事都不想做。

其實威廉姆斯坐辦公室，工作難度並不高，回家後也沒有什麼家務事可做，身體卻變得如此疲勞。

上述像威廉姆斯所出現的那種疲勞感，在現代人們中是普遍存在的，這並不是生理上的疲勞，而主要是屬於這種心理體驗性質的疲勞，也就是我們俗話說的：「活得太累」。

從生理上來看，疲勞是反映人在作業過程中，由於連續工作或工作難度太高而致使身體能量過度消耗，出現生理方面發生變化、工作能力下降等現象；從心理上來看，疲勞則是指人長期從事單調、重複的工作和活動，注意力長時間高度集中後，伴隨著身體生理方面的變化，中樞局部神經細胞由於持續緊張而出現抑制，致使人工作和生活的積極性和興趣明顯降低，直至對工作和生活產生厭倦情緒，心理疲勞是一種多半帶有主觀體驗性質的疲勞，並不完全是客觀的心理指標的反映。

我們在生活中經常會遇到這樣的現象，當我們在工作或學習時，因為疲勞而昏昏欲睡，但這時如果有人叫我們出去玩，倦意便馬上全消。這完全可以說明了心理疲勞，其實就是一種主觀性的心理暗示。

心理學家曾做過這樣一個實驗：他讓參加實驗的人畫一組簡單的線，如重複畫Ⅰ、Ⅱ、Ⅲ，Ⅰ、Ⅱ、Ⅲ……，結果沒過多久，許多被試者就感到疲勞得不行了，表示再也畫不下去了。然而，只要心理學家說一聲「再畫三組就結束了」，則所有被試者就會重回有精神，迅速而準確的完成任務。

從這個實驗我們可以看出，要想避免疲勞，就不要經常做機械重複的事情，而且還要善於給自己設定一些小目標，這樣有利於激發我們的鬥志。

當我們處於心理疲勞的情況下，會產生很大的負面作用，症狀輕的會對工作失去興趣，產生疲累感；嚴重的還會出現嗜睡或者失眠、記憶力下降、精神恍惚、吃不下飯等情況。長期處於這種狀態，還有可能會誘發一些身體上的慢性疾病。

下面幾道題可以測測你的心理疲勞度：

1、你學習或工作總是感到提不起精神？

2、你並沒有做什麼粗重工作，卻總是感到很累？

3、你覺得現在的生活單調枯燥？

4、對外界的許多事物都缺乏興趣？

5、經常為一些你無法控制的事情擔心？

6、覺得現在所做的事都是被迫的？

計分方法：請將上述問題按「不是」（計0分）、「有時是」（計1分）、「是」（計2分）回答，然後將分數加起來。

結果分析：如果你的得分在1～2分，說明你比較正常；如果在3～6分，說明你已有輕度的心理疲勞；如果在7～9分，說明你已有中度的心理疲勞；而如果得分在9分以上，則說明你的心理疲勞已非常嚴重了。

透過上面這道題，讓我們來計算一下自己是處於什麼樣的疲勞之下，如果自己已經有心理疲勞的話，也不必害怕，樂觀的面對它，勇敢的解決它，相信這樣必能克服心理疲勞。

只有克服了心理疲勞，才能幫助人們走出「活得累」的陰影和困擾。

# 脫離「逼迫」的「膩境」

警察偵破了一個盜竊集團後，竟然發現他們有一套內部規章制度：每天早上九點上班，不能遲到，做成一票後就收手。吃好的、穿好的、喝好的，開銷都由贓款支付，工作時間最晚不能超過凌晨一點，以免「工作」壓力過大等。

這些小偷知道要注意身心的調節，不能超負荷的「工作」，從懂得尊重人的心理需求和規律的角度來看，他們這樣的做法還是有一定道理的。

生物動力學是心理治療學派中的一個分支，它主張：「人的個性像樹的年輪，是一圈又一圈的發展出去的。嬰兒的一圈，代表愛與享受；孩童的一圈，代表創作與幻想；少年的一圈，是玩耍及遊戲，青年的一圈，是情愛及探索；而成年人的一圈，則象徵現實與責任。一個完全的人，要具備上述所有特徵。這一圈一圈是按一定的程式發展的，如果有一圈被破壞了而未完成，這時人的個性同樣也會被破壞。」

看看我們現代人的教育方式，很容易發現在人個性的成長中，被深深壓制的永遠是玩耍及遊戲這一圈。一般家庭及學校都是不鼓勵孩子玩樂的，甚至對玩樂是很看不順眼的。成年人教孩子，往往是把套在自己身上現實和責任那一圈，過早地套到孩子身上。但生硬的套上，並不等於自然和能夠的承擔，過早的負重換來的是永遠的不願也「不能承受之重」，使現在的孩子都是在不完整的童年下度過的。

有這樣一則有趣的小故事，說的是點心舖為了防止伙計偷吃點心，於是在新伙計剛來到時，每天每餐讓他們吃點心，不讓他們吃別的。結果沒過幾天，他們再看見點心時的反應只有一個字，可不是「吃」啊，而是「吐」啊。

想想現在，許多人已經把孩子對學習的態度，培養到這樣的「境界」了。

前不久，就發生了一個孩子跳樓身亡的事故。這名墜樓的孩子今年上國中二年級，據鄰居反映，這個孩子的家長對他要求十分嚴格，連放假都逼著他在屋內複習功課，使得他幾乎沒有休息的時間。這個孩子平時就不只一次說過讀書太煩、太累，不想活了，可是家長對他的話都無動於衷。事發前一天的晚上他還焚毀了自己的一些課本，最後這孩子終於受不了如此之大的壓力而跳樓了。

由此可見，作為家長不能逼著孩子學習，這樣會造成孩子的厭倦心理，感覺學習的壓力太大。長期下來，也許就會有悲劇的發生。

同樣的，在生活和工作中，我們不應該存在「逼迫」心理，否則容易造成對事情的厭倦和煩惱。

我們不妨回憶一下，自己曾經是否有過這樣的經歷：出門了卻突然不能確定自家的房門有沒有鎖好，於是返回家一次次的檢查；總是把手機握在手裏，生怕漏掉重要的電話和信息；做完一道題怕有疏忽，一次次的重新檢查，以致考試根本來不及做完試卷……。如果你已經頻繁有過這樣的經歷，就說明你存在「逼迫」心理了。

其實，與其在生活中逼迫自己，不如保持一顆平常心，正確的對待生活，不要過分強迫自己或他人去做每件事，從而讓自己或他人遠離「膩境」，享受樂趣！

# 走出職業倦怠的沼澤

張先生是一家大型銷售企業的經理，薪資優厚，但他卻沒有以前那種對工作的激情，反而越來越感到厭倦現在的工作。每天早晨，張先生一走進辦公室就覺得疲倦，沒有心思處理手邊的文件。周而復始的工作，讓他覺得做一個有創意的計畫越來越難，市場推廣也停滯不前，更別提銷售額了。老闆對張先生也越來越不滿意，這讓他更加消沉氣餒，工作起來身心俱疲。

像張先生這樣的情況叫「職業倦怠」，現在這種人並不少見。職業倦怠也可稱為「職業枯竭」或「心理枯竭」。它是一種在工作重壓之下身心俱疲的狀態，也是一種常見的現代職業疾病，它是指身體無法應付外界超出個人能量和資源的過度要求，而產生的生理、情緒、情感、行為等方面的耗竭狀態，是一種在工作的重壓之下身心俱疲、能量被耗盡的感覺。其生活常態表現為：超時工作、睡眠不足、壓力巨大、健康負債；身體上表現為：多夢、失眠、不易入睡，經常腰酸背痛、記憶力明顯衰退和脾氣暴躁。

「工作著才是美麗的」這句話曾經流行一時，被很多職業者所欣賞。誠然，今天社會人的日常生活近一半時間都在工作，一方面這是人們在為生存或生活得更好創造物質條件，不僅如此，工作還能讓人感到內心滿足，比如實現個人成就感及創造能力。但在職場上不會總是風調雨順、陽光燦爛，日益加劇的競爭和超負荷的工作量，會讓不少人感到有壓力。工作中的人們經常都會抱怨壓力好大，長期下來，身體和心理疾病也隨著工作壓力的變大而呈現出來。工作倦怠這種症狀在國內已經廣泛出現了，據權威調查報告：有六五％的上班族承認自己的職業困惑很多，經常感到「心累」，覺得工作沒有意義，僅僅是為了生存。

最近有研究表明，與工作相關的枯竭感可以導致炎症，而炎症在心血管疾病和其他炎症相關的疾病的罹患和發展中起了重要作用，而且男性和女性在工作枯竭和憂鬱引起的炎症反應也是不同的。

情緒衰竭、玩世不恭和成就感低落是工作倦怠的三種表現。情緒衰竭是指個人認為自己所有的情緒資源都已經耗盡，對工作缺乏衝動，有挫折感、緊張感，甚至害怕工作。玩世不恭，指刻意與工作以及其他與工作相關的人員保持一定距離，對工作不熱心和投入，對自己的工作意義表示懷疑。成就感低落，是指個人認為自己不能有效地勝任工作，對自身持有負面的評價。

我們可以將職業疲勞直至枯竭的發展分為以下幾個階段：

**第一階段—激情**。人們剛開始進入社會工作時，對工作充滿了熱情和自信，工作、同事、公司，一切看起來都很美好。工作時感覺有用不完的精力，相信自己可以應付一切的挑戰，相信這份工作可以帶給自己最大的滿足。即使是困難的事，也能樂於承擔，積極性非常的高。

**第二階段—懷疑**。當工作了一段時間後，最初帶來滿足感的工作漸漸褪色、趨於平淡，意識到理想並不等於現實。工作、同事和公司都不如想像中的完美。開始懷疑：這真是我想要的生活嗎？我真的適合做這份工作嗎？或者，他更加努力的去工作，期待試圖改變一些，但是卻仍然沒有進展。

**第三階段—倦怠**。此時，已經陷入麻木的心情中了，每天早晨起床的時候，一想到有一整天的工作要做，就感覺好像一晚上沒睡似的疲累，不只是身體累，心也累。完全把工作當作一項養家餬口的任務，工作時再也沒有一絲激情了。

**第四階段—恢復**。不是每個人都能從枯竭中恢復的，但如果你能保持一份健康的心態，再加以時間和技巧，一定會走過職業倦怠期的。我們還可以把職業疲勞分為以下幾種類型：

**壓力型**。當人們處在連續不斷的業績考核和生存壓力下，身體容易崩潰，想放棄工作又捨不得高薪的待遇或已經取得的成績，結果神經長期處在緊張的壓力中，產生了對工作的厭惡感。

**挫折型**。由於對目前職業的不滿，如工作枯燥無味、工作條件太差、報酬太低、離家太遠、工作時間太長、沒有發展前途、同事關係難處、上司脾氣太壞，而導致內心的挫折感強烈，總覺得自己矮別人一截。

**平台型**。當人們對工作已熟練掌握，並且發現沒有什麼上升的空間時，厭職情緒由此產生。

**情緒型**。這種類型在女性中存在較多，女性的情緒化流露，一直是影響她們在職業領域裏發展的主要障礙。很多感情理由可以讓女人產生厭職情緒：沉湎於愛情、寄希望於男友的事業、家人需要照顧……。女性們在這些情緒的影響下，即便沒有離職，但也同時降低了對職業的熱情。

如果發現自己開始有了職業倦怠的跡象，你應該早做準備，走出心理的沼澤。

首先要消除一些有關工作的錯誤觀念。比如，有些人只知道拚命工作。一開始在晚上加二～三個小時的班，不久便整星期的加班，最後連週末也成了辦公時間。一旦時間長了，難免會對自己的工作產生反感的情緒。

人類本能的心理需求之一，就是希望透過工作來實現自我價值，不斷接受適度的挑戰來給自己成就感。但有一些人因為工作太少，或者太容易完成，覺得沒有挑戰性和新鮮感，不能充分展現自我價值，而對工作失去了興趣，只把工作當作是取得財富的工具，時間長了，自然也就厭倦了。

其次，要瞭解自己，要在思想上成為工作上的主人。生涯顧問專家建議，當你開始對工作產生倦怠時，就是該重新思索自己的時候了。

當你在工作上開始迷茫，開始厭倦時，不如花點時間靜下來思考自己要什麼？擅長哪個領域？性格傾向於從事哪類型工作？這份工作可以發揮所長嗎？是自己努力不夠還是被擺錯了位置？相信想清楚這些問題後，必會對你的工作提升有很大用處的。

職業倦怠的人就像是在蓋房子，每天不斷堆磚塊，卻不知道自己在做什麼？想做什麼？因為他們少了一張人生的設計圖，不知道要怎麼蓋人生的房子，蓋到何時完工。原本的熱情就在搬磚塊過程一點一滴的流失，最後變成日復一日的重複工作，毫無激情、熱情可言。如果我們給自己的工作、自己的人生設計一張規劃圖，就不會缺乏人生方向與目標了，如果清楚自己的人生要往哪裡去，知道要將自己打造成什麼，即使一路走來顛簸失意，也不會因一時的失落，覺得疲憊不堪、抱怨連連。

相信如果能做到這樣，必能走出職業倦怠期的。

# 偶爾也放慢你的腳步

城市中的人，不知為什麼總是如此飛快地生活著。快節奏的生活方式，使我們這群生活在城市裏的人失去了許多美景與回憶。朱自清曾在《匆匆》中這麼說道：「洗手的時候，日子從水盤裏過去，吃飯的時候，日子從飯碗裏過去，默默時便從凝然的雙眼前過去。我覺察它去的匆匆，伸出手遮挽時，它又從遮挽著的手邊過去。天黑時，我躺在床上，它便伶伶俐俐地從我身上跨過去，從我腳邊飛過去了。」難道人生只有時間最珍貴？難道人生只剩時間？

時間是人生的主幹道，是人生的生命線，但不是人生的全部。花花世界有太多的東西等待人生的經過，人生的匆匆帶來的也許是物質的財富，卻帶不來真正的精神富足。也許很多人都認為，忙碌是一種美德。但事實是，只有我們忘記這虛偽的表面現象，我們才能發現什麼事情才是最重要的。

停止忙碌，也不要再煩惱那些無法完成的每一件事。當你給自己多一些空間，不再那麼忙碌時，許多好點子會自動浮現。你的好點子不會因為你陷入忙碌而出現，相反的，在忙碌的空檔，當你靜靜獨處時，智慧才會常常浮現。從今天開始，試圖讓你自己變得比較「悠閒」一點，多和家人朋友相處，結果一定會讓你感到驚喜。

該休息時就休息，即使我們多麼沒有時間，也必須強迫自己這麼去做。因為處理某件事情過於長久時，就會見事物變得單調，也使自己變得更容易疲累。況且，長久維持不變的姿勢，也不見得對健康有益。與其沒有效率的耗著，為什麼不起來走動一下呢？說不定經過活動，思維又活躍起來了。

我們不是機器，是無法不間斷的工作。不管你是坐著或站著學習、工作，同一姿勢只要超過一個小時，你的身體就會產生疲勞現象，精神會漸漸無法集中，效率也就開始下降。

如果這時能適時的進行短暫休息，你的效率會比不休息時來得高多了。那休息時造成的微小損失算什麼呢？

你可能和很多人一樣，不到身體實在支撐不下的地步，絕對不會停下來休息。那麼從現在開始你就得改改這個壞毛病了，當你感到肌肉緊繃、背痛、輕微的頭痛、疲累的雙眼、無法集中注意力等時，一定要休息！

休息並非意味什麼事也不做，休息的意思，是要你放慢腳步、放鬆自己緊張的情緒。散步是一種休息；躺在床上也是一種休息；看場電影、讀一本好書、看電視、聽音樂，甚至和朋友打電話等等，都是一種休息。

休息能使你的身體釋放緊張情緒，使身心重新回復到一個正常平衡的狀態。一旦你得到充分的休息，你在工作學習時就會更有活力、更有衝勁。邱吉爾（睡午覺的支持者）這麼說的：「很抱歉，每天中午我都必須像個小孩般上床睡覺，可是睡過午覺以後，我就能一直工作到半夜一兩點，甚至更晚。」

在總是令人焦慮的快節奏生活中，也許另一種時尚將悄然流行，這就是慢慢的生活。只爭朝夕的觀念可能要修正一下，人們發現強迫自己加快生活的節奏是多麼的不值得，多少快樂從兩邊閃過，而捨棄它們的理由竟是因為習慣。

一個下午，陽光溫暖的曬在皮膚上；一杯咖啡，安安靜靜，飄著它獨有的芬芳；要來點音樂嗎？拿本雜誌……放慢節奏，才發現生活原來可以是這個樣子。熱愛生活的人們，請偶爾放慢生活的腳步吧！那沿途的美麗景色帶給你的，不僅僅是愉悅的感受，還有對人生的思考。

今天在路邊的逗留是為了明天走得更好。

# 鬆綁你的身心

浩瀚無垠的大西洋海面上空，出現了一個龐大的鳥群。數以萬計的海鳥在天空中久久的盤旋，並不斷發出震耳欲聾的鳴叫。

更令人驚訝的是，許多海鳥在耗盡了全部體力後，義無反顧地投入茫茫大海，海面上不斷激起陣陣的水花。

世界著名航海家湯瑪斯・庫克船長在他的日記裏記下了上述奇遇，這件事一直讓他百思不得其解。事實上，庫克船長並非是這一悲壯場面的唯一見證者。在他之前，很多經常在那個海域捕魚的漁民都曾被同樣的景象所震撼。

鳥類學家們對這種現象也無法做出解釋，在長期的研究中他們發現，來自不同方向的候鳥，會在大西洋中的這一地點會合。但他們一直沒有搞清楚，那些鳥兒為何會一隻接一隻心甘情願地投入大海。

這個謎終於在上個世紀中期被解開。

原來，這些海鳥葬身的地方，很久以前曾經是個小島，對於來自世界各地的候鳥們來說，這個小島是牠們遷徙途中的一個落腳點，一個在浩瀚大海中不可缺少的「安全島」，一個在牠們極度疲倦的時候可以棲息的地方。

然而，在一次地震中，這個無名小島沉入大海，永遠的消失了。遷徙途中的候鳥們仍然一如既往的飛到這裡，希望稍作休整，擺脫長途跋涉後的疲憊，積蓄力量開始新的征途。

但是，在茫茫的大海上，牠們卻再也無法找到牠們寄予希望的那個小島了。早已精疲力盡的鳥兒們只能無奈的在曾經的「安全島」上空盤旋鳴叫，盼望著奇蹟的出現。當牠們終於失望的時候，全身最後的一點力氣已經消耗殆盡，只能將自己的身軀化為汪洋大海中的點點白浪。

同樣，在緊張忙碌的生活中，在人生漫長的旅途中，每個人都會有身心疲憊的時候，每個人都需要一個棲息的地方。適當的時候，我們是否能讓自己的心靈稍作放鬆？

騰出時間給心靈鬆綁，找個地方讓自己歇歇腳，不要像那些鳥兒，等到筋疲力盡的時候，面對已經沉沒的「島嶼」，只能無助的將自己的生命斷送在無底的深淵。

下班的時間越來越晚，回家的慾望越來越少，公司裏的人越來越多，心理的壓力越來越大。在每一個經濟高速發展的城市，一群忙碌於各個辦公室之間的都市職業人，開始越來越多地把公司當作自己的家。

在光鮮的外表之下，是無休止的加班，創意枯竭的煎熬，以及與外部交往的隔絕。在夜深人靜的時候，他們也經常告誡自己不要如此拚命，規劃著明天就開口向公司主管請假，去外地度一個美好假期。但是天明之後，新的任務又催促自己匆忙上陣，於是一個新的輪迴又將開始。

日復一日，年復一年，周而復始操作，機器都可能「報銷」，更何況是血肉之軀。因此，你要警惕，你可能已被一種稱為「慢性疲勞症」的疾病纏上卻懵然不知，但是你還是不斷的為生活拚搏，因為你認為身子還是撐得下去。

大部分的人不把這種症狀視為病症，而掉以輕心，其實這會嚴重影響個人的學業、工作和日常生活。嚴重的長期性疲勞，可能會成為其他病症的預兆。這種強烈的疲勞感如果持續半年或更長，便會時常出現輕微發燒、咽喉痛、淋巴線腫大、集中力降低、全身無力等病症。身體長期處於疲勞狀態，會造成體內荷爾蒙代謝失調、神經系統調節功能異常、免疫力降低，同時也會引起肩膀酸痛、頭痛等自律神經失調症狀，感染疾病的機率也會提高。那麼，到底是什麼東西讓我們為之疲於拚命呢？

一種是過分追求完美。追求完美是成功者的特質之一，但過分追求完美勢必導致精力、體力過分投入。追求完美的人上班時忙忙碌碌，下了班仍殫精竭慮，任何一點小的瑕疵就過度自責，或者是花費更多的氣力去改善、彌補。

另一種是過分追求優越感。每個人的內心都或多或少的有自卑感，正是這種自卑、自我不滿足才促使我們去完善自我。但是，如果過分地追求「比別人強」的優越感，用永爭第一來掩蓋自卑，只把自己當作名利的載體，就會使自己顧不上身體的不適而不停的忙碌下去。

還有一種是過分擔心失敗。對每天工作時間超過八小時的被訪者進行的調查表明，六五％的被訪者認為自己超時工作的最大原因是，「由於競爭激烈，擔心失去工作」。

曾有一項研究結果表明，那些榮獲過奧斯卡金像獎的劇作家壽命較演員要短。研究人員告誡那些爭強好勝者：爭強好勝固然是一種積極的生活態度，但在實現自己奮鬥目標的過程中，也應多考慮自己的健康需求和體能極限。

長期通宵達旦地工作，會使體內產生許多毒素，而有些毒素會隨著血液進入大腦，引起中樞系統的「中毒」症狀。疲勞，是一種信號，它提醒你，你的身體已經超過正常負荷，出現疲勞感就應該進行調整和休息，做到勞逸結合，張弛有度。如果長期處於疲勞狀態，不僅會降低工作效率，還會誘發各種疾病。過度疲勞與過勞死有相關性但不是直接原因，過勞死往往有一些較嚴重的基礎病因，但過度疲勞可以使這些病因加重或是導致發病，造成不良後果。所以避免過度疲勞可以預防和減少由此導致的嚴重後果。

朋友們，在緊張忙碌的生活中，我們每個人都會有身心疲憊的時候。適當的時候，我們是否該讓自己的心靈稍作放鬆，是否該擁有一個可讓自己喘一口氣、稍作休整的地方？騰出時間給自己的心靈鬆綁，少一些急於求成，少一些追名逐利，少一些鬱鬱寡歡，少一些浮躁……。請不要等到自己筋疲力盡的時候，無助地將自己的生命一頭栽進無底的深淵。

# 調節情緒，振奮精神

在現實生活中，我們經常會有這樣的感受：有時候心情會突然不好，上班時又被許多麻煩事搞得心煩意亂，做事也沒規則，東一下，西一下，什麼事也辦不成，一天下來，可能早已疲憊不堪；而又有時候，心情頗佳，工作中也諸事順心，做事情總是順理成章，儘管忙得連飯都顧不上吃，但仍覺得輕鬆愉快，毫無疲倦之感。從這裡我們可以清楚地看到，疲勞深深地受著情緒的影響。

那麼有什麼辦法可以讓情緒變好，從而解除疲勞呢？一般說來，做做精神振奮操，保持健康、愉快、積極、向上的情緒，是預防疲勞的最好方法。簡單地說，就是要求人們學會適當地放鬆自己，這樣才可以忘掉緊張和煩惱。

賈可布森是芝加哥大學一位有名的心理學教授，他告訴人們：「解除疲勞的有效辦法是精神放鬆，而最有效的放鬆部位便是眼部肌肉，因為眼睛消耗的能量佔全身神經消耗能量的四分之一左右。如果眼部肌肉得到了放鬆，人們將會獲得一種輕鬆感，因此可以忘掉緊張與煩惱，解除疲勞。」

另外，消除疲勞的靈丹妙藥還有微笑。笑可以鍛鍊全身肌肉，對放鬆全身、驅散緊張有很好的效果。更重要的是，微笑還是心情愉快的產物。

當我們精神緊張，情緒不好時，不妨閉上雙眼，面帶微笑，在心裏給自己積極的暗示：「不要皺眉頭，不愉快就會過去的，應該以微笑面對生活……。」如果我們在心情不好時能夠做到這樣，相信會有事半功倍的效果的。

適當的休息並參加一些體育娛樂活動，或欣賞一曲優美的音樂，或看幾幅秀麗的風光照片，或到郊外散散步，這樣都可以克服緊張心理，消除疲勞。愉快的生活會使我們更加充實，能將我們從疲勞中解脫出來。

下面向大家介紹一種可以振奮精神的精神振奮操。

這套操共有六節動作，如果長期堅持做這套操可以很好地發展我們的柔軟性，教會我們保持平穩（包括心理上的平穩），養成優美的姿勢和高雅的體態。它有助於我們安靜、凝神和自我沉思。

當我們早晨醒來時，不如做做這套動作，可以幫助我們平衡地逐漸進入精神振作的狀態，脫離睡眠狀態；經過一天的緊張工作，晚上回到家時，再做做這套操可以驅除疲勞、調整思緒、振奮精神。

這套操每節動作緩慢平穩，做之前先深呼吸五下。第一個深呼吸擺出準備姿勢，第二～四個深呼吸完成動作，第五個深呼吸回到準備狀態。

現在就讓我們開始做吧。

**1、「加熱」肌肉，累積體力。**

站立，腳尖略分開，腳後跟併攏。如果體力較好，雙腳也可以齊肩寬。踮腳，注意身體平穩，雙手從兩側舉起，手掌互對，臀部緊繃，稍抬起下巴。回到準備狀態再做。

**2、有利肺和腸的功能，強健腹和臀部肌肉。**

起立，腳掌併攏，挺起肩膀。

雙手伸向背後，大姆指緊握（左手在上面），食指下伸，重心在腳底板上，膝蓋彎曲，腹部的肌肉緊繃，緩慢前傾，越低越好，感覺不錯就可以。雙手上伸，讓手指指向天花板，回到準備狀態，變換手的位置再做。

**3、改善骨盆的血液循環，促進腸胃功能，發展背、肩和小腿部的肌肉。**

站立，腳掌併攏，腳和背要直，雙手舉過頭頂，手掌朝內。腹部的肌肉緊繃，只要不感到腿腱會痛，就盡量緩慢前傾，雙手從後面抱住大腿，可能的話，抱住小腿肚子。左手握在右手上，額頭貼向膝蓋（或大腿）。回到準備狀態，變換手的位置再做。

**4、鞏固心血管系統、脊椎、背肌和臀肌。**

坐地，雙腳交叉，左腳在右腳上面，背要直，雙手交叉，同樣左手在右手上面，膝蓋抬起，剛好被手背摟住。

腹部的肌肉緊繃，緩慢前傾，直到頭碰到地面，同時膝蓋也隨之平放下來。回到準備狀態，變換手和腳的位置再做。

**5、對肝臟和膽囊的功能產生良好影響，還放鬆頸部的肌肉。**

四肢著地。重心放在彎曲的右腳上，左腳向後伸直。

雙手放在膝蓋兩側撐地，背彎曲，緩慢把頭轉向右肩向後看，盯著背肌。回到準備狀態，換方向再做。

**6、強健腹肌和背肌。**

面對牆而坐，膝蓋彎曲，腳掌著地，雙手胳膊肘彎曲，從後面撐地。抬起膝蓋貼胸部，伸直雙手，雙腳伸直上抬，腳掌繃直，眼睛盯著腳趾，讓身體盡量貼近大腿，下巴貼近膝蓋。回到準備狀態再做。

這樣，這套操就算做完了，我們可以天天都做，也可以一週做幾次，甚至還可以每次做時挑出一部分來做。

現代人的精神疲勞主要表現為：夜不能眠、噩夢不斷、容易驚醒、頭昏腦脹、無精打采、煩躁易怒、食慾不振、記憶減退、注意力不集中等。競爭激烈、心理壓力重、經常加班、職業不稱心、工作難度大、企業虧損、住房擁擠、鄰里反目、物價上漲、噪音污染、家庭糾紛等，這些都是造成精神疲勞的主要原因。

長期處於不愉快的情緒中，便會出現情緒困擾、心態失衡以及精神疲勞等等症狀。久而久之，便會影響身心健康，甚至引起身心疾病，現代的人絕對不能忽視這一點。當出現精神疲勞時要懂得做做精神振奮操，學會自我調節。

其實，我們不只可以做精神振奮操，在平日上班或在家時也可以調節自己，這也算是一種抽象的精神振奮操。

**(1)自我調節**。「文武之道，一張一弛。」這句話還是有一定道理的，我們在緊張工作之餘，應該學會自我調節。睡覺無疑是消除身體疲勞的良策，但對消除精神疲勞來說只是消極辦法。積極的休息方法是，根據自己的興趣愛好、性格特點，採用聽音樂、散步、跳舞、下棋、看影視片等不同的方式，因地制宜進行精神調節。

**(2)注意休息**。在做同一份工作時，有些人容易疲勞，另一些人卻不容易疲勞，這些不會疲勞的人主要就是他們懂得休息。在工作告一段落時最好稍事休息，可以閉目靜坐，也可以伸伸腿、彎彎腰、揮揮手臂或做做眼睛健康操，或泡杯茶、喝杯咖啡、吃塊巧克力等。

**(3)保持良好的心態**。如果心情不好時，可以找親朋好友傾訴，當訴說完自己的心事後，心情就會好多了。

**(4)豐富生活內容**。除了工作，我們也要懂得適當地放鬆自己。節假日可以帶孩子去郊外或公園散散心，不定期外出旅遊。會休息的人才會工作，會休息的人才能消除精神疲勞。

如果大家都能騰出時間做做精神振奮操，相信一定能走出疲勞，迎接輕鬆。

# 第九章 情緒排毒，排除扼殺自己的情緒

每天或許會因為心中的「烏雲」而工作失效，或許會因為悶悶不樂而胃口全無……，這些都是影響情緒的毒素。那麼如何撥開心中的謎團，排除毒素，迎接朝陽呢？

# 發洩是心理健康的保證

如果我們不能及時地發洩消極情緒，就會影響人的心理健康，進而影響到身體健康。因為，人們對於消極情緒的承受能力是有一定限度的，無法長期處於負面情緒之中，人的健康就會受到威脅。

高先生是某公司的經理，他一向脾氣很好，從不流露任何不穩定的情緒。但是前幾天，他在工作中遇到一些不順心的事，雖然主要責任在對方，但還是受到不明真相的總經理批評。高先生的委屈一直悶在心裏，連續幾天揮之不去，又不好意思發洩出來。好幾天，高先生都感覺有些胸悶、氣短和頭暈。他到醫院去檢查，醫生發現他的血壓有些高。

高先生很是不解：「我每天堅持鍛鍊身體並且很熟悉養生之道，但是，怎麼還會有高血壓呢？」

醫生則說：「你的病可能與你這幾天心情不好有關。」

醫生還向高先生介紹說：「如果人們強行壓抑自己的情緒時，比如煩惱、怨恨、悲傷和憤怒，這樣往往會影響健康，尤其是容易使血壓升高。」

據一項權威調查表明，大多數血壓正常的人曾經哭泣過，而高血壓病人卻從不流淚。高先生出現的這種症狀，主要是因為他的心情過於壓抑，導致血壓升高。而且性格內向、不善於發洩自己情緒的人群，除了容易出現血壓高以外，還會引發神經衰弱、憂鬱症和消化性潰瘍等疾病。

因此，當我們遇到煩惱、悲傷的事情時，不妨適當發洩一下自己的情緒，如在空曠的草坪上大喊，寫信、寫日記和上網聊天等，都有助於自我排解，獲得心理平衡，有益身心健康。而且，如果身體因此出現了一些不適應的症狀，應到醫院就醫，切不可拖延時間，而加速病情的發展。

現代人普遍都有心理亞健康的情況，長期處在這種情況下是很痛苦的，煩惱、焦躁、憂慮，對自己不滿、對環境的不滿，早晨睜開眼睛就會感覺很痛苦，感覺非常的煩惱，總而言之就是處於一種無窮無盡的煩惱之中。

當我們有這種現象出現時，要在心理方面學會正確的對待自己，並且還要學會釋放自己。當我們感到壓抑時要學會哭，尤其男性要學會哭。我們現在許多的人都是在偽裝的活著，那不是活得很累嗎？如果哭出來就可以把心裏的不高興都發洩出來，我的喜怒哀樂一定要即時的釋放出來。

我們要學會和朋友、同事、鄰居、家人發洩。比如，當我們看電視的時候，要學會跟著電視哭和跟著電視笑，要讓自己心中的壞情緒全部都一起發洩出來。換個角度說，這也是一個排毒的過程，發洩可以把體內有毒的東西都排泄出去。

很久以前，在一個富裕的王國裏，有一位英明的國王，在他的治理下全國和樂融融。但是，國王有一個不為人知的煩惱，就是他的耳朵一天比一天長。

國王每天都擔心，如果百姓知道的話一定會受到嘲笑。因此，為了遮住長耳朵，國王特別訂做了一頂大帽子。

國王每天都帶著大帽子，這件事引起了全國人民的好奇。但是，沒有人敢問，所以也沒有人知道國王長了一對長耳朵。

有一天，國王請宮裏最守信用的理髮師幫自己理頭髮，理髮師小心翼翼的脫下國王的帽子，看見國王的耳朵，嚇得直發抖。

「聽說你是個守信用的人，所以我才讓你來幫我理頭髮的，我要你發誓，絕對不會說出我長了驢耳朵的秘密，如果你違背了誓言，我就把你關起來！」國王說。

理髮師不停的點頭說：「我絕對會保密的！您放心！」

當理髮師一回到家裏，鄰居就跑來問他：「聽說你進宮幫國王剪頭髮呀！那你知道國王為什麼每天都帶著一頂大帽子嗎？國王到底是不是禿頭呀？」

理髮師搖了搖頭，什麼也沒說。

但是從此以後，理髮師每天都會想：「國王有一對驢耳朵！國王有一對驢耳朵！國王有一對驢耳朵！」他一直將秘密悶在心裏，終於生病了。

於是，理髮師去求醫了。

「其實，你可以到深山裏挖一個洞，對著洞口大聲說出藏在心中的秘密，病就會好了。」醫生建議理髮師。

理髮師聽完後立即就照做了，並對洞口大聲喊：「國王有一對驢耳朵！國王有一對驢耳朵！國王有一對驢耳朵！」

說完以後，理髮師立刻覺得輕鬆多了。接著，他用泥土把洞口埋起來，高高興興地回家去了。

幾年以後，一棵大樹從那個洞口長出來了。有一天，一個牧羊少年砍下那棵大樹的樹枝，做成了一支笛子。

沒想到，這支笛子吹出來的聲音是：「國王有一對驢耳朵！國王有一對驢耳朵！國王有一對驢耳朵！」

不久，這個笛聲傳遍了城裏的大街小巷，最後連國王也知道笛子說出「國王有一對驢耳朵」這件事情。國王非常生氣的說：「理髮師竟然沒有遵守約定！」於是，國王就派人把理髮師抓到宮裏。

理髮師害怕的跪在國王面前，發抖地說：「國王陛下，我真的沒有告訴任何人這個秘密，請您一定要相信我！」

此時，窗外又傳來：「國王有一對驢耳朵！國王有一對驢耳朵！國王有一對驢耳朵！」的笛聲，國王氣得大罵：「你現在還敢說謊！」

理髮師靈機一動，對國王說：「國王陛下，您可以告訴大家，您的長耳朵是用來傾聽百姓的心聲，以便好好的治理國家。這樣大家反而會更加尊敬您的，也就不會嘲笑您了！」

國王聽完後，覺得很有道理，便採納了理髮師的說法。

於是國王把全國的百姓集合起來，然後脫下大帽子。大家看到國王的長耳朵，都嚇了一大跳。

國王鄭重地對大家說：「這是上天送給我的禮物，讓我用這對長耳朵來聆聽你們的心聲，以便能好好治理國家！」大家聽完後，全都感動的鼓起掌來。

於是，國王封理髮師為大臣，也因此更受到人民的愛戴。

福。

由此可見，理髮師正是因為把秘密說了出來，才排解了心裏的憂鬱，也因此大家都得到了幸福。

發洩是心理健康的保證，我們在人生的旅途中，要讓發洩伴隨我們的腳步，讓發洩鞭策我們追尋成功。

# 喊出你心中的鬱悶

當人們悲傷和痛苦時，總希望得到別人的幫助和分擔，但沒有合適的分擔人選時，我們就要學會自我發洩、自我表達、自我釋放。

現代社會生活節奏越來越快，人們經常會遭遇諸如事業受挫、工作困難、人際關係緊張等情況，形成沉重的心理壓力。如果不能將這些心理壓力及時排解，就很容易形成憂鬱症；這時如果大鬧一場，是可以理解的。但是，這樣做經常會帶來一些自己事後會為之後悔的不良後果。不發洩，埋在心裏，就可能為未來的一次爆發種下了一粒種子，結果可能更不好。

說到這裡也許大家會有疑問，到底該不該發洩。其實發洩是必須的，關鍵是選擇怎樣的發洩方法。在國外，針對人們的這種症狀，出現了一種名為「喊叫療法」的新式心理療法。

喊叫療法就是透過急促、強烈、粗獷、無拘無束的喊叫，將內心的鬱悶發洩出來，從而平衡協調精神狀態和心理狀態。

喊叫療法的步驟如下：

首先，找一個空曠的地方，放鬆站立，深深吸入一口氣。在吸氣的同時，左、右手握拳，右拳抬起，高過頭頂，虎口向自己。

其次，呼氣並且同時瞪眼發出哼的聲音，盡量延長，同時緊握拳。待氣出盡以後，再用最後的力發出哈音，同時兩手盡量張開。

最後，進行第二次深呼吸。在吸氣同時，手勢同上；呼氣時，瞪眼，兩手盡量張開，同時發出「哈」的聲音。氣出盡時，再用力發出「哼」的聲音，同時緊握拳。在做哼哈吐吶的同時，可以把那些曾經有過不愉快的人和事發洩出來。

唱歌也是可以宣洩情緒的一種方法，當我們心情不爽時，不妨唱幾首高亢的歌曲，相信這樣就能把自己心中所有不悅的情緒全都宣洩完了，也不會影響他人。

另外，朗誦詩歌或優美的文章與唱歌，和喊叫療法也有著異曲同工的作用。性格剛直者，往往可以選擇一些表現陽剛之氣，感情激盪的詩文來朗誦，以便疏導怨憤之氣。性格柔弱者，則往往適宜於誦讀溫柔、纏綿式的作品，以此消弭鬱悶。

小王經常與人發生激烈爭吵，雖然中途被朋友強行帶開，但是回到家中仍氣憤難平，然而最後還是恢復了平靜。人們問他原因時，他說他能恢復平靜全依靠於《雷電頌》這篇文章。

「雷！你那轟隆隆的，是你車輪子滾動的聲音！你把我載著拖到洞庭湖的邊上去，拖到長江的邊上去，拖到東海的邊上去呀！我要看那滾滾的波濤，我要聽那的咆哮，我要飄流到那沒有陰謀、沒有污穢、沒有自私自利的、沒有人的小島上去呀！我要和著你的聲音，和著那茫茫的大海，一同跳進那沒有邊際的、沒有限制的自由裏去！」每當小王在生氣時朗誦這樣的詩句時，他就覺得心裏的不滿全被發洩出來了，情緒自然也就平靜了。

當我們感到鬱悶、感到生氣、感到不滿時，不如採取上述所說的三種治療方法，把鬱悶合理地釋放和發洩出去，舒暢你的心情。

# 找對你的出氣筒

每個人都會有壓抑的情緒，其實壓抑是一種錯誤的心理行為。比如，生活上的不如意，人際關係的緊張等等，這些都會造成我們的種種心理壓抑。適度的壓抑，不會過於影響我們的心情，因為心情會自然的釋放出去，會自然的進行著自我的放鬆。但是，如果壓抑過於嚴重，並且得不到及時的釋放，就會帶來危害。

如果我們想要保持在良好的心態下，就應當學會釋放種種心理壓抑。發洩我們心中壓抑著的怨氣、怒氣種種心理壓抑，應以不傷害自己也不傷害別人為原則。所以，我們要學會如何發洩，用何種方式發洩。

當你心中對人或對事有所怨氣時，可以將心中的一切怒氣、怨氣全部用筆糊亂地寫在紙上，讓糟糕的情緒，痛痛快快的發洩出來，無論寫了什麼話語，寫完後就忘了它，過後就燒了它，不要再記起它了，再好好的休息一下，一切都會恢復如常的。這種方法的好處是即不會傷到別人，也不會傷了自己的心，完完全全的釋放了你被壓抑的心。也可以說，你已經找到你心中的出氣筒了。

如果覺得在紙上寫還不夠發洩的話，還可以跑到一個沒人的地方，把一切氣話，完完全全的說出來，自然會把壓抑的心釋放出來的，只要你釋放了，心情就會輕鬆起來了。同樣，你在發洩的時候不會傷害到別人也不會傷害到自己。

其實，除了以上兩種方法外，我們還可以用笑來驅除心中的鬱悶。笑的時候，要大笑、要痛痛快快的笑，輕輕的笑起不到釋放作用。大笑在情緒上會產生一種極端的心理快感，不知不覺中，壓抑的種種情緒在大笑中就煙消雲散了。

如果我們想要常常擁有自然輕鬆的心理情緒，就要學會如何釋放我們的心靈。找到好的發洩方式和對象，即找到一種好的「出氣筒」，將有助於化解壓抑和鬱悶。但是，選擇不好的「出氣筒」將會事與願違。

小強的媽媽在他們家那一帶以勤勞、忠厚著稱，但每當小強心情不好時，便拿她媽媽當「出氣筒」。

小強是一個有上進心和良知的男孩，因為每次把母親當成「出氣筒」，他都會有一種罪惡感，但他無法很好地控制自己的情緒，經常為了發洩而傷害無辜。他總希望自己在各方面都做得好一點，但結果往往不如願，失敗、挫折、碰壁成為自己生活中的組成部分，以至於產生沮喪、苦惱、氣憤等負面情緒。小強把媽媽當「出氣筒」，不僅有悖於「報得三春暉」的天理人倫，而且他的這種性格也讓他在自己的事業路上經常遇到挫折。

情緒在心理學被分為心境、激情、應激三種狀態。其中，心境是人的一切體驗和活動，都感染上情緒色彩比較持久的情緒狀態。當一個人處於某種狀態時，看待一切事物都會受其影響。良好的心境使人用一種積極的態度去處理事情，而不良的心境使人不管做什麼事都感到枯燥乏味，並且還容易被激怒。

當人們情緒不好時，都會想發洩自己的心情，或找一個「出氣筒」來宣洩自己的心情。如：破口大罵、摔摔打打、怒目而視、動手打人等。這些攻擊行為可能直接針對挫折的製造者，但當察覺出對方不能直接攻擊而心中的怨氣又要發洩時，就不如找個「出氣筒」來代替原有的人或事，這樣心情得到發洩，又不至於傷害到別人。就像《紅樓夢》中的「撕扇子作千金一笑」那節晴雯撕扇子一樣，其實就是對寶玉責備的發洩。

情緒雖然不容易被控制住，但是我們要知道，它不是不能控制的，如果能找到一個好的「出氣筒」，把自己的情緒合理的發洩出來，這樣就會有事半功倍的效果。而如果我們只是為了一時的快樂，不管三七二十一地亂發脾氣，這只會給自己帶來新的麻煩，甚至最後的局面會難以收場。

我們要清楚地認識到，透過發洩來求得心理平衡是必要的，但選好你的「出氣筒」更重要！總之，當我們受到委屈，心情不好時不能一味的哭泣、叫罵、反擊，這樣是不能解決問題的，我們要學會用一種合理的方式發洩，也就是選擇一個好的「出氣筒」。

# 想哭就哭

人們總覺得自然界中的動物充滿著稀奇古怪的特徵和行為，比如大象的長鼻子、雙髻鯊兩隻遠遠相隔的眼睛，還有沙丘鶴鳥奇特而瘋狂的求偶舞蹈。其實，人們並不知道人類哭泣的行為，遠遠要勝於動物的這些特徵和行為。

人們也許並不覺得自己的哭泣有什麼特別之處。我們經常哭泣，而且幾乎每天都會看到別人臉上的淚水。上世紀八〇年代，美國明尼蘇達大學以三百多名男性和女性為對象，進行了一項研究。結果顯示，女性每月平均要哭五次，男性則每四週哭一次。嬰兒出生後的第一件事就是放聲大哭，向所有人宣告：「我來了！」我們的哭泣之所以特別，並不是因為哭喊聲，而是因為充滿感情的淚水。動物或許會嗚咽、呻吟和嚎叫，但絕不會動情落淚，即便是與我們親緣關係最近的靈長類動物亦是如此。猿類與其他動物一樣，也有淚管，但它的功能只是清潔眼部、浸潤和呵護眼球。而人類也許在遠古的某個時期，就已經懂得用哭泣來表達自己的情感。

導致流淚的變異可以說，就像所有遺傳變異一樣也是一個「錯誤」。但這是很有用的錯誤，如果這個意外出現的基因沒有讓遺傳它的生物獲得更多的生存機會，自然選擇早就把它淘汰了。問題是，我們的哭泣到底帶來了什麼好處？研究人員就此問題進行了深入的研究，目前已有了些眉目，掌控人類哭泣的生理機制，足以讓我們大吃一驚。

簡單地說，哭泣是人類的本能，人們會因為疼痛、因為悲傷、因為高興而哭泣。複雜地說，這是一種高級的交流方式，它把人們緊緊聯繫在一起，而其他任何動物都沒有這樣的能力。我們的祖先由於這種聯繫的幫助而生存下來，而且不斷發展壯大，也因此人類成為了地球上認知能力最複雜的生物。

哭是人們感情的自然流露，但是很多時候哭泣被認為是不堅強的表現。我們有句俗話叫做「男兒有淚不輕彈」，男性遇到多麼巨大的壓力都不能哭泣，哭哭啼啼的女孩子也總是被父母和朋友訓斥，傳統觀念給予「哭」太多的道德壓力和束縛。在人們的觀念裏，哭意味著不堅強，沒有出息，是軟弱的代名詞。

但是，當人們遇到重大不幸和挫折時，會不由自主地哭起來，哭後心情就會暢快些，比憋在心裏好受得多。可見，哭泣對人的心理具有保護作用，特別當人遭到嚴重的精神創傷，陷入可怕的絕望和憂慮時，既不思食，又不能眠，如果這時能大哭一場，就可能得到拯救。這從另一個層面上，也說明了女人長壽的原因之一是因為哭泣。

人們想要宣洩不良的情緒時，哭是十分有用的。要知道，從心理健康的角度講，「堅強」並不永遠是個褒義詞。

有位女士在美國去看當地的心理醫生。剛到心理診所，就看見一個大老爺們兒，聲淚俱下的哭著出來，而且哭得連背都在顫抖，她自然是持嘲笑的態度。但當她與心理醫生開始交談時，她逐漸被醫生引導得傷心起來，而且想哭，還是難以自己地想哭，並且漸漸痛哭起來。她從診所出來時也一樣的聲淚俱下，但哭完後，她就倍感輕鬆。

在美國，有幾位心理學者對幾百名男女分別做過研究，之後他們發現：被研究者痛快地哭過後，自我感覺都比哭前好了許多，健康狀態也有所增進。更進一步的研究發現，人們在情緒壓抑時，會產生某些對人體有害的生物活性成分。哭泣後，情緒強度一般可減低四〇%，而那些不愛哭泣，沒有利用眼淚消除情緒壓力的結果是，影響身體健康、促使某些疾病惡化。還有心理專家研究發現，人悲傷時掉出的眼淚中，蛋白質含量很高。人們由於精神壓抑而產生這種蛋白質，它們是對身體有害的物質，要是長期地被壓抑就會危害人們的健康。

眼淚在人類的情緒發洩中，一直有著很重要的作用。在情緒激動時流出來的眼淚帶有應激激素，是一種擺脫激動的最佳方法，而這也就是「催淚」產業為何在全球得到廣泛認同與發展的最根本原因。選擇哭泣是一個明智的做法，即使哭泣會讓你難堪，但它表明你緊張的情緒已經到了有損健康的地步，而哭泣則可以減少危害。

我們無論是「私下」還是「當眾」流淚，作用一般都是積極的。哭泣將傷心轉變成一種實在而具體的東西，這一過程本身就能幫助減少創傷感。眼淚以一種實物的形態使心理創傷具體化、形象化。這一過程的最終結果和笑一樣，並且在這個過程中，人們的緊張感會消失，獲得一種釋放的感覺，會感受到前所未有的輕鬆。

簡・方達是好萊塢一位著名影星，他曾說過：「當你得不到服務或者陷入窘境時，只要哭就行了。」

雖然哭泣有利於身體健康，但是哭泣的時間也不能太長，不宜超過十分鐘。壓抑的心情得到發洩、緩解後就不能再哭，否則對身體反而有害。因為人的胃腸機能對情緒極為敏感，憂愁悲傷或哭泣時間過長，胃的運動會減慢、胃液分泌減少、酸度下降會影響食慾，甚至引起各種胃部疾病，這樣還會危害身體的健康。

即使哭也不能濫用，要適當運用，不能凡事都用哭來解決。人不是簡單的動物，不能像一般動物一樣，重複情緒堆積、發洩的簡單過程。人是有認知功能的，有控制能力。如果一個人不積極主動地去化解遇到的困難和壓力，只會用哭來發洩，久而久之，他應對困境的能力就會降低。

現代人有時壓抑久了，難過時反而會覺得哭不出來。別著急，下面給大家介紹一個「不用洋蔥和辣椒自然哭出來」的妙方，這是美國一位著名心理學博士露絲，發現的一種自然哭泣的方法。

1、尋找一個隱秘的空間，舒服地坐下，將手放在胸前鎖骨的上方。

2、呼吸只到手放的地方。

3、急促地出聲吸吐氣，發出像嬰兒的哭泣聲，仔細傾聽其中的哀傷。

4、回想傷心往事，允許自己流露軟弱。

5、多次持續地練習，如太陽穴隱隱作痛，就是壓力累積過多，需要加強訓練。

有句古語說：「忍泣者易衰，忍憂者易傷。」可見該哭不哭對健康危害極大。難過時要盡情地哭，盡情地發洩，把心中的不高興都哭出來。

有人曾寫過這樣一段話：生活是蜿蜒在山中的小徑，坎坷不平。溝崖在側，摔倒了，要哭──哭就哭吧，怕什麼，不必裝模作樣！這是直率，不是軟弱，因為哭一場並不影響趕路，哭一場能增添一分小心。山花浪漫，景色宜人，陶醉了，要笑──笑就笑吧，怎麼了？不必故作矜持！這是直率，不是驕傲，因為笑一次並不影響趕路，笑一次能增添一分信心。

在生活的道路上，要哭就哭，不必強忍住，盡情地發洩出來吧！

# 遠離空虛體悟人生

如果把人的身體比作一輛汽車的話，那麼自己便是駕駛這輛汽車的駕駛員。如果你整天無所事事、空虛無聊，沒有理想，沒有追求，那麼你就根本不會知道駕駛的方向，也不知道這輛車要駛向何方。這是一件可悲的事情，長期下來這輛車就必定要熄火。

小王是某家公司一個年輕的職員，他與人聊天時經常談到：「每天，我像往常一樣地工作、生活，可是總覺得內心好像有些不對勁，似乎我並不知道為什麼而工作、為什麼去生活，總覺得沒有什麼方向感，常常會莫名產生一種空虛的感覺。」

小王還說：「周圍的其他同事，總是積極熱情地投入工作，即使玩也玩得很瀟灑。而我感覺什麼都無聊，什麼都沒意思。這種情緒讓我整天百無聊賴、心緒煩亂、寂寞不安卻又不知該怎樣解脫。為什麼別人過得那麼充實，而我就常常空虛呢？」

小王提出的這種問題其實在很多年輕人的心中是普遍存在的，這就是我們通常所說的「空虛」。

空虛主要表現為沒有追求、沒有寄託、沒有精神支柱，並且精神世界一片空白，它是一種消極的情緒。

人們在空虛的狀態下常常缺乏正確的自我認識，對自己能力過低的估計，或缺少精神支柱，因而會產生憂鬱的情緒。

空虛的人們在工作中或學習中，一般都不思進取，沒有人生的奮鬥目標。這樣，自然不會體會到奮鬥的樂趣和成功的喜悅。

但是，千萬不要小看空虛感，它在不知不覺中能帶來的危害極大，就像是人心裏面的黑洞，具有超強的吸力，一旦被捲進了黑洞，整個人也就被空虛感所束縛。

我們來看一下有關小蘭的故事：

小蘭她結婚六年了，有一個五歲的女兒，在別人的眼裏她是女人生活的典範，很多人都羨慕她現在的生活。

而小蘭卻說：「她們不知道，現在的生活我真的是忍受不了了，我內心的困惑簡直讓我透不過氣來。」

「我與丈夫結婚後，他自己開了一家有二、三十人的公司。隨著公司規模的不斷擴大，他的收入也多了起來，我的生活習慣也隨著發生了變化。每個月他會固定給我幾萬元，平時只要我看見喜歡的東西，都會買下來。如果錢不夠用的話，只要我開口他都會給我，從來不過問我幹什麼。」她接著說。

小蘭又說：「在外人看來，這樣的生活表面上是很美滿的，可是我越來越討厭過這樣的生活，我覺得自己活得很空虛，我內心很痛苦，但沒有人能夠理解我。我的痛苦來自我的丈夫，我們雖然已經結婚六年，但婚後的變化逐漸使我們彼此陌生，每天複製著前一天的生活，很無聊。我丈夫是一個很內向的人，我們之間幾乎沒有任何交流。吃完晚飯後，我就習慣地躺在床上，看看書，睏了就睡，他也一樣。六年的婚姻生活最和諧的就是我無論在外面做什麼事情，都不需要事先和他商量，我只管去做就可以了。有時候，不管和朋友出去玩到多晚，只要打個電話給他，他就會開車來接我，如果晚上不回家打個電話告訴他就可以了，他也不會問我去幹什麼了。」

小蘭長嘆一口氣說：「我們之間到底有什麼問題，我也不知道，每天我好像在和自己生活，白天在公司神經總是緊繃著，晚上回到家又只能看書，每天千篇一律。有時候，我都覺得自己快要崩潰了，快要瘋了。」

前不久，小蘭打算結束她們之間這樣的婚姻，但放棄不了她目前的生活習慣。他可以滿足她物質生活的需要。以前她多次試圖和他溝通，但她改變不了他的想法，談過之後，他依然是老樣子。小蘭的朋友都說她是身在福中不知福，她們都不相信她的生活會是這樣。

古人有云：「十年修得同船渡，百年修得共枕眠。」兩個人能走到一起，結婚生子，難得而不易。然而，生活追求的是幸福，幸福的內容不能只包括物質的富足，精神的需求和滿足感同樣重要，而且在一定程度上精神需求甚至超過物質。所以，物質保障和精神滿足對於美滿的婚姻來說，永遠是幸福這個天平上缺一不可的籌碼，這樣才不至於活得空虛。

對很多年輕人來說，空虛往往與「孤獨」、「寂寞」等詞有著相同的意義，但實際上它們是不同的。其中很重要的一點就是「孤獨」、「寂寞」，對於個人來說並不總是消極的，有時甚至標誌著一個人的獨特個性。而「空虛」在某種程度上來說有種消極的意義，長期的空虛只能消磨人的鬥志，侵蝕人的靈魂，使人最終走向毀滅。

心理學認為空虛是一種消極情緒的表現。空虛的人大多對理想和人生失去信心，對生命的意義缺乏正確的認識。他們或是消極絕望，以漠然的態度對待生活，或是毫無朝氣，遇人遇事便搖頭嘆氣。為了擺脫空虛，他們或抽煙喝酒、打架鬥毆，或漫無目的的遊蕩、閒逛，或耽於某種遊戲，之後卻仍是一片迷茫，憑空消磨了許多大好時光。由此可見，空虛只能給人們帶來危害，真是有百害而無一利啊。

如果我們想要遠離空虛，遠離「空洞」的感覺，不如從以下幾點做起。

**一、要樹立崇高的理想。**

產生空虛的主要根源是對理想、信念及追求的迷失，所以樹立崇高的理想、建立明確的人生目標，就成為消除空虛最有力的武器，俗話說：「治病先治本」，要遠離空虛就要從根本做起。當然，這並不是一蹴而就的，但當你確立一個正確的人生目標，並堅定地努力前進時，空虛就會在不知不覺中消失了。

**二、要培養對生活的熱情。**

我們從不同的角度看生活，就能看到不一樣的世界。其實生活是美好的，就看我們以怎樣的態度去對待它。一樣的青天碧海，一樣的麗日和風，你可以積極地去感受大自然的美麗；或者認認真真地學點技能，幫他人做點好事，也能對自己的成功頗感自豪，從他人的感激中得到歡愉。當我們在每一天中都做些有意義的事情，去填補生活中的空白時，就不會有心情和閒暇去空虛了。

**三、要積極提高自己的心理素質。**

人們由於心理素質不同，即使生活在同一個環境中，有人遇到一點挫折便偃旗息鼓，而輕易為空虛所困擾，有人卻能面對困難毫不畏縮，而始終愉快充實。因此，我們要有意識地加強心理素質的訓練，就能夠在空虛萌芽之時，及時的消滅它，不給它進一步侵襲的機會。

請記住普希金的這句話：「生活不會使我厭倦，這樣我必能戰勝空虛。」

# 第十章　快樂人生，一切由好情緒造就而成

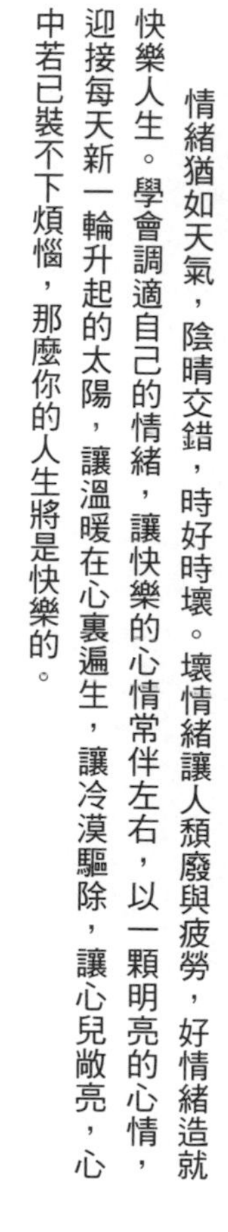

情緒猶如天氣，陰晴交錯，時好時壞。壞情緒讓人頹廢與疲勞，好情緒造就快樂人生。學會調適自己的情緒，讓快樂的心情常伴左右，以一顆明亮的心情，迎接每天新一輪升起的太陽，讓溫暖在心裏遍生，讓冷漠驅除，讓心兒敞亮，心中若已裝不下煩惱，那麼你的人生將是快樂的。

# 快樂是人生中最重要的東西

人們常會對一些頭腦發熱，利令智昏的人說：「不要高興的太早」這句話，因為「會笑的人總是笑到最後」。但是，從尋求人生幸福的角度來看，能夠高興的早一點，多一點，卻是一個聰明的舉止。

人們一生中的無憂無慮快樂時光，是很短暫的。孩童時父母緊盯自己的目光，上學時那做不完的功課習題，青年時代找個理想工作的艱難，人到中年沉重的壓力，老之將至又要為子孫的景況開始憂心……。煩惱就是這樣，時時刻刻都會出現在我們的面前，如果我們不能從快樂的角度來看待這一切的話，生活就會十分黯淡了。

快樂如同憂慮一樣，也是生來就有的。我們不會忘記年少時，第一次戲水的激動；不會忘記夏日放學路上捉蟋蟀的樂趣；不會忘記和家人親友溫馨相處的甜蜜。快樂就如同在我們不安時看到一道親切的目光，在我們遭受挫折時聽到的一聲關懷的呼喚，在我們跌跌撞撞的摸黑走路時前方閃亮的一點燈光那樣。只要心中有快樂，它就會永遠陪在我們身邊，可以盡情享受。

但是，對很多人來說，總是很難擁有快樂。有句話不是這樣說嗎？「美是到處都有的，對於我們的眼睛，不是缺少美，而是缺少發現。」快樂就是生活中的美，只要你靜下心來仔細觀察，就會發現快樂無所不在。一個瀟灑快樂的人，可以把像地獄一樣的生活過得像天堂；反過來，不超脫、不快樂的人，覺得天堂的生活就像地獄。因此，不必悲傷、不必難過，我們要主動去尋找才會擁有快樂。

有快樂伴隨的日子是難忘的，因此我們就要學會如何抓住快樂。只要擁有快樂就等於抓住了生命的韁繩，抓住了幸福的鑰匙。擁有快樂的人生，才是最有意義，最有生命力的人生！

其實，每個人的一生都是短暫的，在這有限的時間中，每個人都會演繹著千百種不同的旋律，會出現各式各樣的悲歡離合。因此，不要在意世俗的名利與虛榮，只要把握實在的生命，這才是生命的真諦。誰最接近生命的本質，誰便會變得更加單純而明淨，誰就會真正體驗到人生的快樂。

**雖然我們無法控制生命的長短，但我們卻可以控制自己生命的節奏，我們可以左右自己生命的快樂**。如果我們願意，在我們的生命的進程裏隨時隨地都可以長出快樂。山的快樂，就是從它的胸懷的山縫中，奔流而出的激流和汩汩湧動的細泉；水的快樂，就是衝破重重障礙，將細流匯聚成江河，最終奔向大海；人的快樂，就是在人世間超越自我、戰勝自我，付出真情、感受真情！其實，要擁有快樂並不困難，它就掌握在我們每個人的心中。

因為生命是短暫的，所以我們在這短暫的時間裏要活出快樂。短暫的生命經常在告訴我們，你可以一時失去目前的所有，包括金錢、名譽、地位等等，但你卻不能失去生命的熱情，以及付出熱情時感受生命的快樂。所以我們要在一生中盡力去尋找快樂，不要讓不快樂的情緒控制住自己，要活出快樂的人生。

人生快樂的意義在於戰勝苦難的快意，在於衝破重壓的釋然。人生就像永遠在攀登高峰，它的快樂就在感受上升的喜悅；人生就像永遠在奔流的大河，它的快樂就在享受奔騰的快意。在困境中，我們應該學會克服困難，這樣才可以享受戰勝困難之後成功的快樂與喜悅。

人生中快樂是最重要的，我們要在這有限的生命裏，學會享受生活的醜與美、悲與喜、苦與樂！

# 找回屬於你的快樂

在某種程度上說，快樂的活著就算是成功的人生，所以誰都會渴望自己能夠更多的擁有快樂。然而快樂卻不是人人都能擁有的，於是有的人開始怨天尤人，怪上天不偏愛自己，怪命運多劫，抱怨事業不順、家庭不和……。其實這些都無法決定你是否快樂，只有你自己才能決定自己是否快樂。

快樂是一種心境，是一種精神狀態，如果我們想擁有是隨時可以擁有的。快樂發自你內心，你可以隨時創造一種「我很快樂」的心境，我們不妨從下面幾點來獲得快樂吧。

**微笑**。如果我們的情緒一直處於低落的狀態，比如垂頭喪氣地走路，精神狀態不振作，這樣情緒就真的會變得很差。你要是一臉的哭相，相信是沒有人願意理你。那麼要怎樣改變呢？很簡單，你只要深呼吸一口氣，抬起頭來挺起胸，臉上露出微笑，並擺出生龍活虎的架勢就行了。微笑會傳染到身邊的每一個人，如果你真誠地對一個人微笑時，那麼他也會回以笑容。

**放鬆**。懂得快樂的人總有這樣一些自勵的話：我覺得快樂，我會在各方面做得越來越好，我會越來越快樂。你反覆地對自己說一些話，如：「我很放鬆」、「我很平靜」等等，時間久了你就真的會覺得很放鬆、很平靜了。

**回憶趣事**。心情不好時還可以回想一下以前發生過的愉快回憶。首先，放鬆你的下巴，抬起你的臉頰，張開你的嘴唇，向上翹起你的嘴角，對自己說「回憶些趣事」，這就是所謂的愉快的心理圖像法。

**大聲講話**。受壓抑的表現之一就是自信心不足，說話聲音會明顯的變小，從感覺上就矮別人一截。所以你要盡量提高你的音量，但不必對別人大聲喊叫。你只要有意識地使聲音比平時稍大就行。

**抬頭挺胸**。那些遭受打擊、被別人排斥的人，走路都很懶散，完全沒有自信。相反的，另一種人則表現出超凡的信心，他們走起路來比一般人快。當心情不好，壓力大時，不如抬頭挺胸走快一點，從心理上讓快樂滋長。

**運用自己的優點**。我們不僅要善於發現自己的優點，還要學會運用自己的優點。如果選用得當，會讓我們更加快樂，快樂的來源是發現並運用你真正的優點，這使你的自我意識變得更加美好，你也就越快樂。

**分享**。一個人問上帝：「為什麼天堂裏的人快樂，而地獄裏的人卻不快樂呢？」於是上帝帶他來到地獄，他看到許多人圍坐在一口大鍋前，鍋裏煮著美味的食物，但每個人都又餓又失望，因為他們手裏的勺子太長，沒法把食物送到自己口中。上帝又把他帶到了天堂，人們拿著長勺子快樂地把食物送到了別人的嘴裏。由此可見，懂得分享就懂得快樂。

**感恩**。當我們心懷感激時，憤怒就會減少，快樂就會變多。若一個人只有怨恨，心情自然好不起來。一句話說得好：「思之而存感謝。」感恩的心可以給我們帶來更多的快樂。

也許，以上這幾點無法一下子做到，但不必著急，可以慢慢來。因為能夠決定你是否快樂的就是你自己的心態，調整好了心態也就擁有了快樂！

在我們的一生要學會原諒別人的錯誤，並且給予他們鼓勵和改正錯誤的勇氣；用心記住別人對自己的每次幫助，並且心中充滿感激。這樣，你就會得到快樂。

其實，只要我們選擇快樂，就會得到快樂。快樂就這麼簡單，相信你也能找到屬於自己的快樂。

# 發自內心的快樂

快樂並不神秘，也不是可望而不可及的，它們成群結隊，無時無刻都在人間遊蕩，就看我們善不善於發現。

快樂一般泛指人們獲得實現，或得到完全滿足某種生理或精神方面的慾望時，身心產生的興奮愉悅的愜意快感。

人生在世有各式各樣的快樂，不同的人也有不一樣的快樂。乞丐自有乞丐的快樂，國王自有國王的快樂，百姓自有百姓的快樂，畫家自有畫家的快樂，戀人自有戀人的快樂，苦行僧自有苦行僧的快樂等。

快樂，是人類生理或精神方面的感覺，一種人生感受，一種生命的常規體驗。

快樂與幸福有著密切的聯繫，快樂是幸福的基礎，是孕育幸福的沃土，是幸福的搖籃；但是，快樂並不等同於幸福，幸福是快樂的濃縮與昇華，幸福是更高精神層面的心理感受，幸福是從快樂中提煉出來的。

同時，快樂與痛苦還是對孿生姊妹，上帝將快樂、痛苦同時賜予了人類。品嘗過痛苦的艱辛與苦澀，才能體悟出快樂的來之不易。

獲得一時的短暫快樂很容易，但是獲得一生的快樂卻是很難的。

一個人擁有快樂的多少，不僅與外界因素有關，還與自身的性格、內在素質有關。人生許多煩惱都是自找的，用過高的甚至貪婪的慾望追求來囚禁自我，那將把自己推入痛苦的沼澤，深陷其中而不能自拔。當我們因為慾望得不到滿足時，不如想想：「進一步刀山火海，退一步海闊天空」這句話。

我們應該發自內心的去感激身邊的人和事，我們還要感謝生活，無論生活是苦是甜。苦也好，甜也好，都是對我們的一種磨練，所以我們要快快樂樂地生活。感謝我們的父母，是他們讓我們認識了這個精彩繽紛的世界，是他們從小撫養我們長大，教育、引導我們成人。細細想來，父母那片片細小瑣碎叮嚀中，飽含了無微不至偉大的愛。感謝我們的老師，是他們教給我們知識、教我們如何做人，為我們的理想指明了前進的方向。感謝我們身邊的朋友，他們那一個個友好的眼神、溫暖的話語、無私的幫助，讓我們產生共鳴，心與心貼得很近，一次次被友誼所震撼。感謝我們的公司，是公司為我們提供了就業和發展的空間，提供了施展才華的場所。我們要珍惜工作，加強危機意識，努力工作……。總之，只有對萬物持有一顆感恩之心，就會從中獲得快樂。

我們要有寬大、無私的胸懷，才能常懷感恩之心，在生活中要保持平和、謙卑、豁達的生活心態；知足常樂，以一顆平常心來看待任何人事物。感恩是一種境界、一種快樂、一種智慧，更是一種責任。只有常懷感恩之心，我們的心靈才能在喧囂忙碌的生活中得到愉悅，並充滿積極、向上的活力，才能在困難面前不低頭，勇敢地接受一切挑戰，永不認輸。

我國自古就有：「誰言寸草心，報得三春暉」、「結草」、「銜環」的名言與典故，激勵著一代又一代的人，知恩圖報是我們中華民族的傳統美德。現代人更應該常懷感恩之心，這樣才能擁有快樂。

只要每個人都能奉獻出自己的愛心，那麼這個世界每個人都可以獲得快樂，人生快樂將會無限！

# 豁然開朗的快樂

在沙漠中行走了很久而未喝水的人，只要看到一絲綠意，就會感到快樂；在逆境中掙扎而傷痕累累的人，只要聽到一句鼓勵的言詞，快樂感便油然而生。

荊棘劃傷了手指，可幸的是沒有傷著眼睛；登山時不小心金項鏈落下了懸崖，可幸的是沒有危及生命……。即使身陷困難中，只要仔細去探索，也能發現其中值得快樂的地方。

快樂，不僅在於你從哪個角度去欣賞它，更在於你從哪個角度去看待它。

我們的精神生活和物質生活，都有賴於與他人互惠互利，不能總以自我為中心。你付出了愛，別人會感激你，你也會感激別人接受了你的愛，這樣你永遠都會生活在快樂之中。只要付出的愛越多，得到的回報也越多，就越容易得到快樂。

很多人對待痛苦用加法，對待快樂卻使用減法，其實我們完全可以用除法來消除痛苦，用乘法來使快樂翻倍，選對角度可以讓快樂加倍。生活中常有痛苦的荊棘和不幸的泥潭，快樂只在於一種角度。遇到不幸時，換一個角度看，痛苦的酒糟就可能釀製出快樂的甘泉。用快樂的心情看，即使從悲涼的風景中也能看到希望。

從山上看樹，樹很小，從地上看樹，樹就很高大。其實，快樂也是如此，從不同的角度看，快樂都不一樣，不同人的快樂也不同。我們不要拘於形式和表象，要善於挖掘快樂、發現快樂，這樣才能真正找到使自己快樂的方式。

有這樣一則童話：螞蟻非常羨慕可以在花叢中飛來飛去採蜜的蜜蜂，也非常羨慕在森林中搬運木頭的大象。螞蟻被人踩在腳底，不能飛又沒有力氣，多可憐！螞蟻思前想後，傷心欲絕。誰知，蜜蜂和大象反而向螞蟻前來訴苦：要辛苦的採蜜，要吃力的搬運，日子不好過。螞蟻多好，可以自由自在到處爬行。

螞蟻聽完蜜蜂和大象的話後，終於明白，誰都擁有快樂，關鍵在於看問題的角度。可見，換個角度看同樣一件事情，就會有不同的結果。可是有些人為什麼整天緊鎖雙眉，怨聲載道，一副「活不起」的樣子呢？怪只怪他自己愛鑽「牛角尖」，自尋煩惱。比如給他加了薪水，他怨物價漲得比薪水快；工作安逸，他喊沒意思；公司效益好，說是養肥了當頭的；獎金少了又罵頭頭無能……。如此這般，看什麼都不順眼，看誰都有氣生，喝口涼水都「塞牙」。他無法換個角度看事情，自然也得不到快樂了。

如果我們都會換個角度看待問題，便會「茅塞頓開」，心中豁然開朗起來，全無了滿腹憂愁，只留下躍躍欲試的勇氣和信心。只要看準了目標努力去做，就會有成功的機會。即使不能大富大貴，也能精神愉快，何樂而不為呢？

因此，選對看事情的角度就會獲得快樂！

# 快樂無處不在

簡單生活就是一種快樂，慾望少一些，自由多一些，過自己的生活，走自己的路。每天以一副微笑的面孔去從容地面對世界，在自己喜歡的領域追求著成功，這樣的生活也是一種平淡的快樂。

快樂與憂鬱總是伴隨著我們的一生，怎樣可以讓快樂充滿生活呢？很重要的一點就是心態平和，要盡可能地坦然面對一切，要學會找樂子！一個人不可能天天都遇到高興的事，但是只要你學會找樂子，坦然面對一切，快樂就在其中。

生活中簡單的快樂無處不在，我們要擁有一顆感知快樂的心靈。無論在什麼樣的環境裏，我們只要擁有一雙發覺快樂的眼睛，快樂就無所不在。窮人的浪漫，簡單的快樂，早餐時的一碗清粥，清淡的小菜，與父母一起進餐也是一種快樂。想想非洲的難民，想想貧困地區溫飽尚未解決的地方，我們就會發現即使與一家人坐在一起共進晚餐也是一種快樂。

快樂沒有一定的模式，沒有統一的答案，但是它的內涵卻是無限豐富的。只要你善於捕捉，用心靈去發現，哪怕是一條溫暖的簡訊問候、一句關愛的叮嚀、一縷初夏的涼風、一幕日常生活瑣碎的片段，只要你擁有一顆懂得享受快樂的心，就能感受到快樂。

人生不如意十有八九，如果我們把眼光只停留在令人傷神、傷心之事，稍不注意就會一生都不快樂。

如果我們在小時候因為爬到鄰居家的桃樹上去偷桃吃，而被父母打罵心有怨氣；讀書時作業未完成，上課不專心，被老師罰站；戀愛時，因為情人離你而去，而長吁短嘆，生活失去了趣味，彷彿天要塌下來了；工作時，上司不重視你，還處處刁難你，鬱悶，食不知味，生活失去了熱情；結婚後，和妻子伴嘴，孩子不聽話，感嘆生活好累，好疲憊；物價上漲，薪資沒漲，又說生活好艱辛；朋友欺騙你，而痛苦不堪；甚至於一個惡夢，一場風暴，都會讓你驚悸不安。這些不如意的事是每個人都會經歷的，但是如果你太在意這些，並且一直放在心中時，痛苦的心情將會伴隨你一生。與其這樣，不如讓自己活得灑脫一點，把過去當成是人生的一種經驗，就能找到樂子。

其實，我們應該學會忘記，學會找尋生活中的快樂，那怕只是一丁點，我們也要用放大鏡把它放大，儲入我們的心房。同事給你一句簡單的問候，那怕是應付的；上司給你一句口頭的讚譬，那怕是空頭支票；愛人的一頓可口飯菜；孩子考了一次好分數；遠方朋友一個電話問候；甚至一聲小鳥清脆的鳴叫。我們都要從中找尋快樂，這樣人生也將會充滿快樂。

學會尋找快樂吧，這樣才能淡去憂愁，遺落傷痛！我們所生存的空間是多變的，我們擁有的一切也不穩固，友情、成功、財富、愛情隨時都可能溜走。只有我們長期保持快樂心境，快樂才會伴你一生。

每個人的心裏都有一片屬於自己的田地，在那裡有喜怒哀樂，同樣也有著快樂，用我們純潔的心靈去發現、去感悟吧，快樂無處不在！

## 快樂習慣，快樂性格

我們有時候總是生活在過去痛苦的回憶之中，而看不到現在的快樂日子。這種不斷湧現的痛苦回憶，嚴重影響著我們的生活品質。可以說，沒有一個人能隨時感到百分之百的快樂。正如蕭伯納所諷刺的那樣，如果我們覺得不幸，可能會永遠不幸。但是，我們可以憑藉動腦筋和下決心來利用大部分時間想一些愉快的事，應付日常生活中使我們不痛快的瑣碎事情和環境，從而使我們得到快樂。我們在很大程度上已經習慣了小的煩惱、挫折、牢騷、不滿、懊悔和不安，既然這樣，我們也可以選擇習慣快樂啊。

在我們短暫的一生中，要學會如何從生活中尋找樂趣。所以應該抓住今天，主動地嘗試和體驗現在的生活，訓練出快樂的性格。

下面介紹一項加強人們現實觀的心理訓練：

用十分鐘的時間，造一些有關：「此時此刻」的句子。句子要用「現在」、「此刻」、「今天」、「這會兒」等開頭。例如：

「此刻我感到很高興」；

「此時我對未來充滿信心」；

「這會兒我正在做心理訓練」；

「今天我要抓緊」；

「現在我精神振奮」；

如果我們想要引導自己擺脫過去的痛苦和對未來的幻想，就要培養自己的現實觀，像剛才那樣用「現在」、「今天」、「此刻」這些詞來造句，這樣時時來提醒自己，並融入到你的意識和潛意識之中。

倘若你中途就停止了心理訓練，那麼就得問自己是什麼原因讓你終止了練習？為什麼你沒能堅持到底？你感覺疲勞了嗎？你是因為造不出這樣的句子才停下來，還是自己沒有意識到怎樣停止的呢？

認真思考完這些問題後，繼續練習造句並補上不足的時間。

一定要態度虔誠地做此項訓練，不要像有些和尚念經，有口無心，也不要自搞一套，隨意添減內容。

做這項心理訓練的目的，是要培養和增強「你現在是怎樣做這事情」和「你正在做什麼事情」的感覺，以此來培養你關注現在而不是沉湎於過去的習慣，使你能重新把握住全部現實的生活，體驗到一種前所未有的感覺。

如果可以每天都堅持做此項訓練，這樣日復一日後，必能做到不再回憶過去的痛苦和空想將來，只會立足於現在。

另一個培養快樂的有效辦法：讓人們看到自身的實力所在。具體方法是：在一個特殊的調查問卷中找出自己最突出的五個能力。在其後一週的每一天裏，運用自己突出能力中的一項或多項。這些能力包括幽默感、積極性、美感、好奇心和求知慾等方面。經過這種訓練，可以利用一個人最重要的能力，去完成可以帶來自我滿足的事情，從而產生快樂。

其實，快樂是一種心理習慣，是一種個性化的生活態度，是一種健康的性格。習慣是由於重複練習從而鞏固下來的一種行為方式，快樂既然也是一種習慣的話，就說明了它也可以透過練習而產生的。就比如剛開始進行體育訓練可能還不太舒服，一旦成為習慣，不活動就會覺得難受，因為它已變成生活的一部分，固定在人的行為中了。培養自己快樂的習慣，改變積習，練習體驗，你就會發現憂慮、罪惡、敵意會慢慢消失，而快樂和自信會慢慢增加。

只有會時時處處尋找快樂、發現快樂，才能使快樂變成一種心理習慣。不順心的時候，在遇到悲哀的情景和無法避免的困難的時候，如果我們能以愉快的心情來對待它，那麼它很可能就變得微不足道，變得有益且鼓舞人心。養成快樂的習慣，帶著微笑生活，那麼我們就會成為情緒的主人，而不是外界情況的支配。請大家記住，快樂其實是可以練習的，只要練習出快樂的性格，一切壞情緒都別想干擾我們！

# 沒有不帶傷的船，只有不肯快樂的心

快樂是一天，痛苦也是一天；既然如此，我們何不選擇天天開開心心，給自己一個希望，給自己一份快樂的心情，坦然豁達地面對人生帶給我們的一切困難與挫折。

但是，常常事與願違，痛苦經常伴隨著我們的左右。一次次心痛、一道道傷痕、一遍遍淚水，洗不去人生的塵埃，抹殺不了命運中的艱辛。在短暫的生命何必跟自己過不去，平靜自己的心，平淡地看待一切，就能在困難中發現快樂！

就像世上沒有沒瑕疵的玉一樣，幸福也是如此，但是只要你有一顆快樂的心，就一定能夠看到幸福的存在。只要能掌控好自己的心態，下達命令，來支配自己的命運，尋找自己的快樂。如果想讓困難和不幸遠離自己，只要具備了淡然如雲、微笑如花的人生態度就很容易得到快樂。

不論在什麼樣的人生當中，都不會一帆風順的，沒有不遭受挫折與磨難的。只要我們願意，不管在什麼樣的人生當中都可以活出快樂。如果善於發現快樂，平常一些小事也往往能撼動你的心靈。快樂與否，只在乎你的心怎麼看待。只要你願意改變你的人生觀點，那麼貧窮也能變得富裕，即使在平庸的生活中，也能很快樂。

任何痛苦與快樂都是取決於自己如何看待人生、如何看待事物。苦痛源於你的心境，快樂與否在於你的心態。其實，從一個微笑中、一聲問候中、一個會心的眼神中……，都可以發現快樂。快樂是一種心境，普遍存在於生活的點滴中。

每個人的一生中都會經歷很多的風風雨雨，在某種程度上說，如何看待它們決定了我們以後的人生。在經歷痛苦的時候總會有一些朋友不時地給予你關心和照顧，用酸甜苦辣來充實你的人生，我們要善於從中發現快樂與幸福。

在這短暫的人生當中，不能在悲嘆中度過自己短短幾十年的光陰，而是要以一種樂觀積極的心態去尋找快樂，這樣才能讓自己過得更有意義。把自己的快樂解放出來吧，堅信只要肯快樂就會獲得快樂的，讓自己真正的成為一個快樂的人吧！

# [ 延伸閱讀 ]

一生相伴的智慧
定價190元
在這個世界上，有非常多的聰明人，
但有智慧的人又有幾個。

負向激勵：把缺點變為人生的轉捩點
定價230元
本書將人生所有看得到的缺點羅列出來，
就如何客觀地認識缺點、虛心地改進缺點、
有效地控制缺點，進行了深入探討。

---

自己是最大的敵人
定價220元
沒有不能解決的問題，
只有不想解決問題的人。

高調做人,你才能夠成就自己
定價250元
本書能讓你在尋找做人的精髓路上，少走一些彎路，
在事業上獲得成功，在人生的道路上找到幸福！

**國家圖書館出版品預行編目資料**

情緒影響一生的幸福 / 杜風著. -- 2版. -- 臺北市 : 種籽文化, 2018.06
面 ; 公分
ISBN 978-986-96237-2-8(平裝)

1.情緒管理

176.52 107008185

Concept 114
情緒影響一生的幸福(修訂版)

作者 / 杜 風
發行人 / 鍾文宏
編輯 / 編輯部
美編 / 文荳設計
行政 / 陳金枝

出版者 / 種籽文化事業有限公司
出版登記 / 行政院新聞局局版北市業字第1449號
發行部 / 台北市虎林街46巷35號1樓
電話 / 02-27685812-3傳真 / 02-27685811
e-mail / seed3@ms47.hinet.net

印刷 / 久裕印刷事業股份有限公司
製版 / 全印排版科技股份有限公司
總經銷 / 知遠文化事業有限公司
住址 / 新北市深坑區北深路3段155巷25號5樓
電話 / 02-26648800 傳真 / 02-26640490
網址：http://www.booknews.com.tw(博訊書網)

出版日期 / 2018年06月　二版一刷
郵政劃撥 / 19221780戶名：種籽文化事業有限公司
◎劃撥金額900(含)元以上者，郵資免費。
◎劃撥金額900元以下者，若訂購一本請外加郵資60元；
劃撥二本以上，請外加80元

定價：249元

喬木
書房

喬木書房